AMORES ALTAMENTE PELIGROSOS

WALTER RISO

AMORES ALTAMENTE PELIGROSOS

Cómo identificar y afrontar
los estilos afectivos de
los cuales sería mejor no
enamorarse

Planeta

Diseño de portada: Diana Ramírez
Imagen de portada: © Shutterstock / Luis Carlos Torres
Fotografía del autor: © Cortesía del archivo personal de Walter Riso

© Walter Riso
c/o Schavelzon Graham Agencia Literaria
www.schavelzongraham.com

© 2018, Editorial Planeta Mexicana, S.A. de C.V.
Bajo el sello editorial PLANETA M.R.
Avenida Presidente Masarik núm. 111, Piso 2
Polanco V Sección, Miguel Hidalgo
C.P. 11560, Ciudad de México
www.planetadelibros.com.mx

Primera edición en formato epub: marzo de 2018
ISBN: 978-607-07-4781-6

Primera edición impresa en México: marzo de 2018
Octava reimpresión en México: junio de 2023
ISBN: 978-607-07-4773-1

Impreso en los talleres de Litográfica Ingramex, S.A. de C.V.
Centeno núm. 162-1, colonia Granjas Esmeralda, Ciudad de México
Impreso y hecho en México – *Printed and made in Mexico*

Para Pierina y Hugo:
a los afectos que perduran.

CONTENIDO

14 WALTER RISO

La territorialidad impenetrable
del ermitaño afectivo **182**
"Mi autonomía no es negociable" **183**
*"No comprendo tus sentimientos
y emociones"* **185**
"Podría prescindir de tu amor fácilmente" **186**
¿Por qué nos enganchamos en una relación
esquizoide? La conquista como un reto **188**
*Reserva personal/independencia: "Necesito
a alguien que respete mis espacios"* **190**
*Desafío como motivación: "Necesito
que la conquista sea un reto"* **191**
¿Podemos relacionarnos saludablemente
con una persona esquizoide? **193**
Estrategias de supervivencia afectiva **194**
¿Hasta dónde negociar? **197**
Cómo reconocer el estilo esquizoide antes
de enamorarse **198**
Cuando la persona esquizoide/ermitaña
eres tú: algunas consideraciones **200**

CAPÍTULO 8: ESTILO LIMÍTROFE-INESTABLE
EL AMOR CAÓTICO **203**
Al filo de la navaja **206**
"No sé quién soy ni lo que quiero" **208**
"No puedo vivir contigo ni sin ti" **209**
"Te amo y te odio" **211**
¿Por qué nos enganchamos en una relación
limítrofe? El encanto de la paradoja **213**
¿Podemos relacionarnos saludablemente
con una persona limítrofe? **214**

INTRODUCCIÓN

¿Por qué fallamos tanto en el amor? ¿Por qué tanta gente elige la persona equivocada o se enfrasca en relaciones tan peligrosas como irracionales? ¿Por qué nos resignamos a tener relaciones dolorosas? Creemos que el amor es infalible y olvidamos algo elemental para la supervivencia amorosa: no todas las propuestas afectivas son convenientes para nuestro bienestar. Nos guste o no, algunas maneras de amar son francamente insoportables y agotadoras, así tengamos instinto masoquista y vocación de servicio.

No estoy diciendo que estas personas no sean merecedoras de amor, lo que afirmo es que cualquier vínculo afectivo donde nuestros valores esenciales se vean amenazados es contraindicado para nuestra felicidad, sin importar cuánto amor le pongamos al asunto. Acepto que estar en pareja no es cosa fácil y que todos debemos "sacrificar" algo (se entiende, en un sentido constructivo) para que la relación prospere; no obstante, los modos de amar que describiré en el texto son *especialmente difíciles de abordar y tolerar*, incluso para los "enamorados del amor" que padecen todo estoicamente. Estos estilos afectivos disfuncionales desgastan al otro y le quitan su energía vital, lo acaban lentamente o lo confunden, hasta el punto de sentirse irracionalmente culpable o creer que sufrir por amor es un hecho normal y generalizado (como si *amar* y *ser víctima* fuera la misma cosa). Es cierto que todos poseemos "pequeñas locuras" personales y que nadie es perfecto, pero las formas de relacionarse que mencionaré van mucho más allá de una simple e inofensiva preferencia; no se trata de meras quisquillosidades: son actitudes altamente tóxicas para quienes deciden entrar en su juego afectivo. Reconocerlas nos permitiría tomar decisiones más sanas e inteligentes frente a nuestro futuro afectivo, ya sea evitando las relaciones, si aún no hemos sido flechados, o enfrentándolas, si ya estamos en pareja o involucrados afectivamente. Prevenir y afrontar, dos estrategias de supervivencia guiadas por la razón.

Se nos ha insinuado que hay que aceptar a la pareja tal y como es, y que no es conveniente pedirle que haga cosas que "no le nacen" o que no quiere hacer; es decir, que hay una esencia que debe acatarse por respeto al otro. En esto hay acuerdo, pero también hay condiciones. Yo diría: aceptar el modo de ser de la pareja, siempre y cuando no tengamos que inmolarnos psicológicamente en el intento. Te acepto como eres, si esto no implica autodestruirme por hacerte feliz, porque si tu felicidad es inversamente proporcional a la mía, algo está funcionando mal entre nosotros. Frente a una incompatibilidad de raíz, la voluntad y las buenas intenciones no suelen ser suficientes para resolver el problema. ¿Cómo sostener una relación sana y apacible con alguien que se cree especial y único, y solo es capaz de quererse a sí mismo? ¿Cómo lograr una relación siquiera decorosa con quien te considera una persona desechable o con alguien cuyos sentimientos hacia ti oscilan constantemente entre el amor y el odio? ¿Cómo sobrevivir a un amor hostigante que no te deja respirar o a un amor subversivo y ambivalente que no puede vivir "ni contigo ni sin ti"? ¿Cómo mantener una relación recíproca y cariñosa cuando tu pareja te impide expresar afecto? ¿Cómo vivir el amor en paz con alguien que te controla porque cree que eres un ser inútil e incapaz? ¿Te entregarías en cuerpo y alma a quien te considera un enemigo potencial y se arrepiente de amarte cada día de su vida? ¿Seguirías con una persona infiel que no es capaz de dejar a su amante? ¡Hay tantos mártires venerados por la cultura del amor incondicional!

Es innegable que no todos tenemos la misma concepción sobre lo que debe ser una buena relación de pareja. Hay quienes consideran que un vínculo basado en el amor es para toda la vida y, en consecuencia, no habrá límites para la tolerancia. Y están los que piensan que no es necesario morir con las botas puestas y que el amor nada tiene que ver con aguantar la irracionalidad y la patología del otro. Cada quien decide qué hacer y hasta dónde llegar, de acuerdo con su visión del mundo y sus creencias. No obstante, podemos llegar a un acuerdo sobre lo fundamental: una relación bien establecida será aquella en que ambos se encuentran satisfechos, pueden realizar sus proyectos de vida y no ven pisoteados sus derechos. Pero insisto: *ambos*.

¿A qué estilos afectivos negativos me refiero? A un grupo selecto y no tan célebre, porque la mayoría opera tras bambalinas. Quizás hayamos tenido contacto con algunos de ellos (ya sea porque fuimos víctimas directas de esos modos de amar o porque conocemos a alguien enganchado en una relación traumática de la cual no es capaz de salir) o nos resulten totalmente nuevos, así los tengamos rondando nuestras vidas y acechándonos en silencio. Concretamente, haré referencia a ocho estilos afectivos, que son considerados lesivos y peligrosos para el bienestar emocional de las personas: histriónico/teatral (*amor hostigante*), paranoico/vigilante (*amor desconfiado*), pasivo-agresivo (*amor subversivo*), narcisista/egocéntrico (*amor egoísta*), obsesivo-compulsivo (*amor perfeccionista*), antisocial/pendenciero (*amor violento*), esquizoide/ermitaño (*amor desvinculado o indiferente*) y limítrofe/inestable (*amor caótico*). Cada uno de ellos lleva implícito uno o varios antivalores que se oponen a un amor pleno y saludable.

Quienes poseen estas maneras de amar pueden llegar a desempeñarse muy bien en ciertas áreas específicas y, por eso, la sociedad los acepta e incluso los exalta como modelos a seguir. Pero su mayor incidencia, su verdadera problemática, se hace evidente en las relaciones interpersonales íntimas, básicamente, en el ámbito familiar y de pareja. Como dice un viejo refrán popular: "Luz de la calle, oscuridad de la casa". De puertas para adentro, en el mundo privado del amor, las máscaras se caen y la alteración se destapa. Por ejemplo, los individuos narcisistas suelen ocupar cargos importantes en empresas o en política, gracias a su enorme competitividad y afán por el poder, pero lastiman profundamente a sus parejas debido al egoísmo y egocentrismo crónico que los caracteriza. Los sujetos obsesivo-compulsivos alcanzarán un excelente rendimiento en aquellas tareas donde el perfeccionismo y el control sean un requisito importante; sin embargo, cuando trasladan a su hogar el mismo patrón de exigencia, terminarán presionando a sus seres queridos y creando un clima sumamente estresante. Las personas histriónicas poseen grandes habilidades para realizar actividades relacionadas con el teatro, el cine, la televisión o cualquier otro medio donde sean el centro de atención y les permita "conectarse" con el público, pero en la vida amorosa tendrán serias dificultades para relacionarse tranquilamente y respetar los límites de la pareja. Un individuo paranoico se destacará en tareas donde la vigilancia y la desconfianza sean requisitos fundamentales para un buen desempeño, pero la convivencia con ellos puede convertirse en una experiencia aterradora y asfixiante.

Sería un error pensar que me estoy refiriendo a casos aislados o excéntricos. Se calcula que la suma de todos estos estilos, en su caso extremo (trastornos de la personalidad), ocupa entre un 20% y un 30% de la población. Y si consideramos los casos moderados, la cifra aumenta considerablemente. Las parejas-víctimas de los individuos que poseen este tipo de personalidades, a veces, tratan de equilibrar la cuestión recurriendo a la táctica del "perismo", una estrategia por compensación muy apreciada por la cultura casamentera que proclama el aguante a cualquier costo: "Es egoísta, *pero* no tanto", "Le gusta coquetear, *pero* no es tan grave", "Es bastante celosa, *pero* yo sé manejarla", "No es una persona muy expresiva, *pero* debo entender que es su manera de ser", "Es agresivo, *pero* va mejorando", "Es bastante inestable, *pero* yo trato de acoplarme y tener paciencia". La mayoría de estos *peros* no son otra cosa que formas amañadas de autoengaño y justificación ante el miedo o la imposibilidad de resolver el desacople afectivo. ¿O acaso deberíamos mantener el amor en cuidados intensivos toda la vida? No estoy afirmando que hay que tirar la toalla ante el primer desacuerdo con el otro. No defiendo las relaciones desechables. Lo que sugiero es la aplicación de un realismo afectivo que permita definir hasta cuándo seguir esperando la metamorfosis del ser amado. Las personas que deciden romper con algunas de las formas de amar mencionadas no lo hacen de la noche a la mañana. Por el contrario, la gran mayoría de ellas luchan, piden ayuda profesional y van más allá de sus fuerzas, buscando dar segundas, terceras, cuartas y quintas oportunidades, incluso cuando su integridad física y psicológica está en juego. No hay que exagerar las cosas, a veces debemos deponer las armas y comprender que determinadas batallas no son nuestras, no nos corresponden o simplemente no nos convienen.

Las personas que han tenido la oportunidad de acercarse a este tema y aplicarlo a su vida cotidiana se sienten más seguras a la hora de resolver sus problemas de pareja y aprenden a tomar decisiones basadas en la evidencia. No obstante, hay cuatro preguntas sobre los estilos afectivos que se repiten con regularidad y que me parece importante aclarar:

» *¿Es posible tener características de los distintos estilos al mismo tiempo?* Sí, es posible. Algunos perfiles pueden superponerse en ciertos aspectos; por ejemplo, la indiferencia es común al estilo antisocial, al narcisista y al esquizoide, pero solo en ese último alcanza su máxima expresión. De todas maneras, aunque puedas poseer ciertos rasgos de los diferentes estilos al mismo tiempo, siempre habrá algunos que se destaquen sobre otros. Lo que define cada manera de amar es una "esencia psicológica" específica. Es mejor tomar los estilos afectivos como una guía para pensar y pensarte en el amor.

» *¿No cree que las características de cada estilo son un poco rígidas?* Los estilos que presento no responden a un listado categórico y definitivo (lista de síntomas); más bien, representan la dinámica interna de cómo algunas personas viven y sienten el amor, su *modus operandi*, sus motivaciones y su estructura cognitivo/afectiva.

» *¿Los estilos afectivos disfuncionales son más frecuentes en hombres o en mujeres?* Las investigaciones recientes muestran la siguiente variación: (a) los amores caóticos y subversivos son más frecuentes en mujeres (más en el primer caso que en el segundo); (b) en el estilo histriónico/teatral, ambos sexos se pelean el primer puesto (como veremos, el "histeriquismo" ya es unisex); y (c) los demás estilos afectivos son más comunes en hombres (una vez más, el sexo masculino lleva la delantera en cuestiones de insalubridad).

» *¿Qué es entonces un estilo afectivo?* Es una manera de procesar la información afectiva: sentirla, evaluarla e incorporarla a la vida de relación. Si el modo de procesar dicha información es distorsionado y está guiado por esquemas negativos frente a uno mismo, el mundo y el futuro, dicho estilo será dañino para tu salud mental y emocional, y la de tu pareja.

Cada uno de los ocho perfiles psicológicos propuestos ocupa un capítulo del libro. Allí se presentan en un lenguaje asequible para el público en general: (a) los rasgos principales de cada estilo afectivo y sus implicaciones para la vida de pareja; (b) las vulnerabilidades personales que explican por qué la gente se engancha a este tipo de relaciones; (c) hasta dónde es posible mantener una relación saludable con cada estilo afectivo enfermizo y cuáles serían los costos; (d) cómo reconocer estas maneras de amar antes de enamorarse; y, (e) finalmente, qué pasaría si el lector descubre que posee algunos de los rasgos característicos mencionados. El estilo limítrofe/inestable, debido a su estructura caótica y desorganizada, es el único perfil que en algunos puntos no seguirá exactamente el esquema de los demás, aunque he mantenido los títulos generales para no alterar la lectura del capítulo.

En el ordenamiento de los capítulos no seguí las convenciones tradicionales de las clasificaciones psicológicas o psiquiátricas, sino una secuencia que facilitara la lectura. A excepción de esta introducción, que me parece imprescindible para comprender el sentido del texto y sus alcances, cada capítulo puede leerse en el orden que desee el lector, aunque es más conveniente dejar el estilo limítrofe/inestable para el final.

Los estilos afectivos disfuncionales presentados han sido documentados a partir de los avances más recientes de la psicología clínica cognitiva y otras disciplinas afines, así como en un abundante material de casos extraí dos de diversas fuentes científicas y la experiencia clínica del autor.

Este texto va dirigido a cualquier persona que quiera revisar su vida afectiva y hacer del amor una experiencia satisfactoria. No es un libro optimista ni pesimista, sino realista. No encontrarás aquí las mejores reglas para vivir con tal o cual estilo disfuncional y tapar el sol con un dedo; más bien, lograrás establecer espacios de reflexión para comprender mejor tu relación de pareja y dilucidar hasta dónde se justifica luchar por ella o no. Incluso podrías descubrir que el problema está en ti y no en la persona que amas. Las tres preguntas que guían este recorrido son simples y a la vez profundas: "¿Cuál es la manera de amar de mi pareja?", "¿Cuál es mi manera de amar?" y "¿Hasta dónde podemos estar juntos, sin hacernos daño?". Si vemos las cosas como son, sin sesgos ni esperanzas ingenuas, podremos tomar decisiones correctas orientadas a mejorar nuestra calidad de vida, así a veces nos duela o incomode el camino a seguir. Parto de la simple premisa de que amar no es sufrir y que tenemos el derecho a ser felices. Este es el bien supremo que nadie podrá quitarnos, aunque sea en nombre del amor.

CAPÍTULO 1

ESTILO HISTRIÓNICO-TEATRAL
EL AMOR HOSTIGANTE

La belleza es la llave de los corazones;
la coquetería, su ganzúa.

ANDRÉ MASSON

La prodigalidad de los adornos perjudica el efecto.

HONORÉ DE BALZAC

Amar a una persona histriónico/teatral es dejarse llevar por un huracán de categoría cinco. Algunas de sus características son: ser el centro de atención, emotividad excesiva, comportamientos seductores, cuidado exagerado del aspecto físico, actitud dramática e impresionista, ver intimidad donde no la hay y ser muy intensas o intensos en las relaciones interpersonales (especialmente cuando hay amor de por medio). Las personas que poseen esta manera de amar desarrollan un ciclo amoroso de mal pronóstico. Al principio, sus relaciones afectivas están impregnadas de un enamoramiento frenético y fuera de control, y después, como en caída libre, suelen terminar con las relaciones de manera drástica y tormentosa.

El amor histérico no solo se siente, también se carga y se soporta, porque al exigir atención y aprobación las veinticuatro horas, la relación se vuelve agotadora. ¿Cómo estar bien con alguien que nunca está satisfecho afectivamente?

Jorge conoció a Manuela en la universidad y se sintió impactado por su figura desde la primera vez: era joven, sexi y alegre. Todos los hombres la deseaban y a ella no le desagradaba en lo absoluto; por el contrario, buscaba ser el centro y ejercer un fuerte magnetismo sobre el sexo opuesto. Se entretenía con ellos, como lo hace el gato con el ratón: se exhibía, los provocaba y luego los dejaba por las nubes. Había aprendido a jugar con la testosterona masculina sin involucrarse sexual o afectivamente. Con Jorge pasó algo distinto. La timidez que él mostró y su introversión generaron en Manuela el reto de conquistarlo, cosa que logró sin demasiado esfuerzo. Al poco tiempo, ya estaban viviendo juntos. En realidad, Jorge quería tenerla más controlada porque temía que de tanto jugar le fuera infiel. Cuando llegaron a mi consulta, la convivencia estaba bastante deteriorada y sus insatisfacciones eran similares: ninguno se sentía amado por el otro. Manuela exigía más mimos y atención: "Parece que yo no le importo… Necesito que sea más cariñoso y que me dedique más tiempo… Me gustaría verlo más apegado a mí…". Por otra parte, Jorge pretendía que ella fuera más sobria y menos llamativa, y también quería mejorar las relaciones sexuales: "Ella no disfruta el sexo, no es lo que aparenta… De verdad, no me siento deseado… Creo que es frígida o algo parecido…". En los comienzos de la relación, ingenuamente, Jorge había pensado que los comportamientos seductores de Manuela solo eran con él, pero cuando descubrió que el flirteo y el exhibicionismo eran parte de su manera de ser, sintió una mezcla de miedo y desilusión. Él trató, sin éxito, que ella cambiara su vestimenta incitante y el modo de relacionarse con los demás hombres.

El asunto tuvo un final sorpresivo: Manuela lo dejó repentinamente por uno de sus mejores amigos. En una consulta me dijo: "¡Estoy enamorada de verdad! ¡Hablamos de casarnos! ¡Él es maravilloso!". Cuando le pregunté por Jorge, el novio por el cual lloraba apenas unas semanas antes, me respondió: "Ah, Jorge… No sé, eso ya pasó… ¡Ahora estoy tan contenta!". Como si fuera una fiebre o una enfermedad, Jorge ya no existía en la memoria emocional de Manuela, lo había borrado de su disco duro como quien quita un virus.

Distinto a lo que suele pensarse, el estilo histriónico no es exclusivo de las mujeres. La cultura posmoderna ha hecho que un número considerable de varones entren en el juego exhibicionista. Basta ir a una discoteca de moda para encontrarse con un mundo "histeroide", donde tanto hombres como mujeres hacen alarde de sus más encantadores atributos. Hombres de piel tostada y humectada, ropa de marca, accesorios llamativos, miradas sugerentes y músculos a la vista hacen las delicias de un sinnúmero de bellas damas que andan en lo mismo: los lindos con las lindas, acompasados al ritmo de un pavoneo grupal donde el cortejo se vuelve cada vez más barroco. ¿Sexo? No necesariamente. En la filosofía del "histeriquismo", cautivar puede ser más excitante que tener sexo; enamorar, más impactante que enamorarse; ilusionar y fantasear, más estimulante que ligar; y sentir, mucho más ventajoso que pensar. Mariposeo y voyerismo revuelto: el ocaso de la sencillez. Se mira y no se toca, o si se toca, es por encima. Una subcultura que genera erecciones en cadena y enamoramientos a discreción, cada vez más inconclusos.

EL LADO ANTIPÁTICO DE LA SEDUCCIÓN Y EL ROMANTICISMO

Las estrategias utilizadas para atraer y reclutar amores cambian con la historia y las costumbres. Es evidente que la pesca amorosa no es la misma hoy, en plena posmodernidad, de lo que fue en la Edad de Piedra o cuando Ovidio escribió *El arte de amar*. Sin embargo, todo hace pensar que la dinámica que se esconde detrás de la conquista sigue siendo la misma. No importa de qué hechizo o anzuelo se trate; si la pasión y el romanticismo se fusionan en su justa medida, no hay cuerpo que resista ni corazón que se contenga. Cuando se da una "pasión romántica" o un "romanticismo apasionado", el impacto es definitivamente irresistible. El deseo mueve el amor, el romanticismo lo calibra. En esto hay acuerdo. Pero si las tácticas de seducción comienzan a parecerse a la película *Atracción fatal*, la expresión del sentimiento adquiere una tonalidad fucsia penetrante y el amor se vuelve indigesto. El lado antipático de la seducción es *el acoso* (¿habrá algo más insoportable que la insistencia de un admirador o admiradora que nos desagrada de punta a punta?) y el lado odioso del romanticismo es la *sensiblería* (¿habrá algo más patético que adornar y aderezar innecesariamente el amor?).

El sujeto histriónico/teatral fluctúa entre dos esquemas opuestos: "No soy nada" (cuando la gente no le presta atención o desaprueba sus comportamientos) y "Soy un ser deslumbrante y especial que cautiva a todo el mundo" (cuando los otros responden positivamente y con interés a sus intentos de llamar la atención). La consecuencia de esta manera dicotómica de procesar la información es desastrosa para cualquier vínculo interpersonal, porque si la seguridad afectiva va a depender de qué tan "cautivada" y "extasiada" mantengo a mi pareja, no tendré un momento de paz. Los hechos hablan por sí mismos: los "hechizos amorosos" no duran mucho, al menos para los que no somos brujos ni brujas.

Parece evidente que la capacidad seductora no es un indicador de la propia valía personal o un camino adecuado para reafirmar el "yo".

"¡Me va a dejar, yo sé que me va dejar!", exclamaba una de mis pacientes con profunda angustia. "¿Por qué cree eso?", le pregunté tratando de calmarla. "¿No lo ve? Ya no se divierte conmigo como antes, ya no se derrite por mí ni por mi figura… Cuanto más intento atraerlo, más se aleja…". Esta es la gran paradoja de las personas histriónico/teatrales: por querer conservar altamente motivadas a sus parejas, las cansan, y terminan generando en los otros, precisamente, lo que quieren evitar. Una pesadilla interpersonal, donde ocupan el papel central.

La inaceptable propuesta afectiva de estas personas parte de tres actitudes destructivas para el amor: "Tu vida debe girar a mi alrededor" (*llamar la atención a cualquier costo*); "El amor es puro sentimiento" (*emotividad/ expresividad*) y "Tu amor no me alcanza" (*insatisfacción afectiva*). Piensa un instante en las consecuencias de estar con alguien que reúna las tres condiciones, todo el día y a toda hora.

"Tu vida debe girar a mi alrededor"

Llamar la atención a cualquier costo es la exigencia vital del estilo histriónico/teatral. Un amigo no concebía que su mujer pudiera pasarla bien y divertirse sin él. Según su punto de vista, el verdadero amor implica sentirse incompleto o desequilibrado cuando la pareja no está presente. Si su esposa salía en ocasiones con unas amigas o iba al cine y lo disfrutaba en grande, el hombre entraba en una especie de choque existencial. Sin duda, la pretensión era exagerada: "Debo ser el centro de su vida" o "Ella no debería disfrutar las cosas sin mí". Mi amigo era una persona muy emotiva y dramática en el manejo de sus sentimientos y se implicaba demasiado en todo lo que hacía. Cuando estaba junto a su mujer, posiblemente debido a su gran necesidad de aprobación, se activaba en él una curiosa forma de contabilidad amorosa que lo llevaba a preguntarse, una y otra vez, cuánto y por qué ella lo quería. Además, no soportaba el silencio: cada vez que la veía pensativa y ensimismada, intentaba traerla a la realidad: "¿En qué piensas?", "¿Por qué no me cuentas?". Su mayor deseo, casi una obsesión, era poder penetrar y escarbar la mente de su mujer para saber qué tan importante era él para ella. Este comportamiento atosigador no estaba motivado por los celos, sino por el miedo que produce el apego enfermizo. Un día cualquiera, al ver que nada podía aliviar su sufrimiento, le pregunté qué debía hacer su esposa para que se sintiera tranquilo. La repuesta corroboró el diagnóstico: "No prescindir de mí ni un momento, que respire por mis pulmones, que vea con mis ojos, que seamos uno… ¿Es mucho pedir, si hay amor verdadero?". El acoso afectivo existe y compite por el primer puesto con el acoso moral y sexual. Él deseaba, de una manera casi delirante, que su pareja fuera una prolongación de su ser y, por eso, debía tenerla siempre cautivada y bajo estado de hipnosis.

La matemática del amor hostigador es así de absurda: la cantidad de amor asequible para satisfacerme es directamente proporcional al grado de atracción que ejerzo sobre la persona que amo y el grado de atracción se mide por la atención obtenida.

La confusión que presentan las personas histriónico/teatrales se debe a que igualan el amor al deseo. Y, evidentemente, no es así: el apetito por la persona amada es solo una parte de la experiencia afectiva. Si miras a tu alrededor, verás que la mayoría de las personas en pareja no están con superhombres ni con supermujeres, sencillamente porque la "fascinación" no se encuentra en las buenas curvas o en la musculatura estriada. De la Rochefoucauld expresaba en una de sus máximas: "Hay cosas bellas que tienen más brillo cuando permanecen imperfectas que cuando están muy acabadas". Quizás se refería a la hermosura que adquiere significado en la manera de ser del otro: una sonrisa pícara puede más que unos dientes "resplandecientes de blancura"; un caminar cadencioso puede más que unos buenos glúteos; una expresión inesperada y oportuna puede más que una cara bonita; nos enamoramos de quien lleva el cuerpo y no del cuerpo.

Cortejo y apariencia

¿Qué estrategias suele utilizar una persona histriónico/teatral para conservar al otro bajo control? En principio, dos: seducción libertaria y cuidado del aspecto físico.

Una mujer me comentaba como un gran triunfo: "Desde que aumenté el tamaño de mi busto, mi marido cambió su manera de ser... Con solo mirarme, se desbarata, vive obsesionado con mis tetas... ¡Hasta me compra blusas con escotes pronunciados! Nunca pensé que una cirugía plástica pudiera mejorar mi relación de pareja...". No deja de ser extraño que la felicidad interpersonal esté cifrada en el tamaño de los senos; parecería que también existe una "geometría afectiva". Siendo totalmente respetuoso de los gustos personales, me pregunto qué ocurriría si el hombre pasara por una etapa anal y empezara a sugerir una renovación de nalgas para que la "relación funcione aún mejor". Mientras una mujer histriónica se sienta atractiva y pueda competir en el mundo de la seducción, sentirá que la vida le sonríe, pero si el paso de los años va dejando sus marcas, la "crisis estética" será inevitable. El miedo a la vejez o lo que podemos llamar el "síndrome de la diva en decadencia" termina casi siempre en depresión. Esta fobia al envejecimiento se ha hecho mucho más evidente en los últimos años debido al hiperconsumo, como señala el sociólogo Lipovetsky.

Los comportamientos de seducción que utilizaban nuestros antecesores primitivos, tal como afirman Carl Sagan y Ann Druyan en el libro *Sombras de antepasados olvidados*, han sido modulados o eliminados por la civilización. Veamos dos ejemplos de lo que ocurre en el mundo de los chimpancés:

» Charles Darwin fue uno de los primeros en observar que cuando las hembras están en plena ovulación y son susceptibles de quedar embarazadas, sus vulvas y otras regiones circundantes adquieren un color rojo resplandeciente, como si fueran "anuncios sexuales ambulantes" que enloquecen a los chimpancés machos que también andan exhibiéndose, arrojando claves olfativas y otros indicadores visuales.

» El cortejo del macho comienza con un pavoneo, luego sacude unas ramas y pisa hojas secas para hacerse notar, mira fijamente a la hembra y trata de acercársele y extender el brazo. Se le erizan los pelos y exhibe su "pene erecto de color rojo brillante, que contrasta vívidamente con su escroto negro"; difícil de ignorar para una hembra en celo.

La naturaleza sabe lo que hace: vulvas hinchadas y penes rojizos erectos apuntando a la cabeza, un festival multicolor de sexo inagotable que asegura la supervivencia de la especie. Aunque la cosa hoy es un poco más sutil, muchas de las conductas exhibicionistas de las personas histriónicas siguen siendo llamativas y a veces incómodas para los demás observadores. Dos ejemplos:

» Una joven, a la tercera salida con un pretendiente muy atractivo, quedó estupefacta al ver que el hombre se subió repentinamente a la mesa y comenzó a contorsionarse como un estríper profesional. ¡Todo en público! Obviamente no volvió a salir con él, pese a su insistencia.

» Una jovencita "vestida para matar" que se enfundaba en unos pantalones de tiro minicorto, que dejaba asomar su ropa interior y demás atributos físicos, no entendía por qué la miraban los hombres. Cuando le expliqué que su manera de vestir era bastante insinuante y provocadora, me respondió: "Gracias a Dios me miran, sería horrible pasar desapercibida".

"El amor es puro sentimiento"

La emotividad de las personas histriónico/teatrales es florida y sin contención. Aunque suelen ser especialmente joviales y simpáticas, el problema aparece ante la falta de control sobre las propias emociones, las que se suelen disparar espontáneamente y sin medir consecuencias. Las peleas con la pareja y las rabietas son frecuentes debido a una muy baja tolerancia a la frustración: "Si las cosas no son como me gustaría que fueran, me da rabia". Podríamos decir que la inteligencia emocional, entendida como la capacidad de ser consciente de los sentimientos y hacerlos más razonados y razonables, deja mucho qué desear en estas personas. En la mayoría de los casos, el lenguaje está saturado de afectividad y es exageradamente impresionista y sentimentalista. Dicho de otra forma: la carga emocional es intensa, especialmente en temas conectados con el amor y el afecto. Su tendencia a romantizar las relaciones interpersonales produce en los demás un efecto negativo y agobiante.

Como he insistido en otras publicaciones, el amor no solo es para sentirlo, sino también para pensarlo, cosa que la personalidad histriónico/teatral se resiste a hacer. Razonar demasiado les genera estrés; sentir, las transporta. Una paciente casada con un hombre histriónico/teatral se quejaba de los altibajos emocionales de su marido y la imposibilidad de sostener una comunicación fluida con él. Una de las primeras tareas que le sugerí fue que registrara durante quince días cómo se comportaba su pareja durante las discusiones que sostenían. El resultado de la observación fue el siguiente: "No presta atención... Cuando se sulfura, saca todo a relucir sin pensar lo que dice ni cómo lo dice... No tiene un objetivo claro en la discusión y si trato de hacerlo entrar en razón, sigue hablando solo... Vive en el pasado y me echa en cara cuestiones que yo ni recuerdo... No es capaz de analizar los problemas en detalle ni ver cuál es su cuota de responsabilidad, porque, según él, la culpa siempre es mía... Es muy sensible y le duele mucho todo lo que yo le diga, pero reacciona con ira... A veces, pienso que se la pasa actuando, como si la vida fuera un drama... Un día que peleamos, no me acuerdo por qué razón, se encerró en el baño y comenzó a gritar que era un desdichado... Como tuve miedo de que hiciera una locura, me subí a una silla y lo espié por arriba de la puerta y, aunque usted no lo crea, ¡estaba haciendo caras en el espejo mientras gritaba!".

La predilección excesiva por la emotividad/expresividad sumada a las maneras ramplonas de seducción y conquista hacen que estas personas sean evaluadas muchas veces como frívolas y superficiales. Una visión profunda del mundo y de uno mismo requiere de cierta madurez psicológica y que la razón y la emoción se equilibren en un todo armónico. Oscar Wilde decía: "Estar enamorado es ir más allá de uno mismo", pero este viaje hacia la persona amada no solo debe estar a cargo de los sentimientos. En cierta ocasión, a una mujer con quien mantenía una relación afectiva, le comenté un problema laboral que me tenía muy preocupado. Luego de escucharme atentamente, ella me abrazó con fuerza y, tratando de animarme, susurró a mi oído: "Te amo, te amo, te amo". En realidad, me sentí querido, sin embargo, yo hubiera preferido otro tipo de solidaridad, quizás un: "Pensemos, pensemos, pensemos". Otra vez Wilde: "La pasión nos hace pensar en círculos". Yo agregaría: si tienes alguna dificultad con tu pareja, no importa cuál sea, la emotividad pura y el sentimentalismo histriónico no te dejarán avanzar un ápice en la solución; el conflicto seguirá alimentándose a sí mismo.

"Tu amor no me alcanza"

Se conoce como el "síndrome del barril sin fondo": hagas lo que hagas, ella o él siempre querrá más y mejor. Lo que guía la relación no es la alegría de que el otro exista, sino una profunda *insatisfacción afectiva*. Es verdaderamente angustiante sentir que no podemos llenar las expectativas de las personas que amamos, llámense pareja, padres o amigos. En realidad, si estás con una persona afectivamente demandante, no es que "tu amor" no le alcance, sino que "ningún amor" le será suficiente. La idealización y la necesidad de saberse amados es tanta, que jamás se llega al nivel esperado. Un hombre se quejaba en una sesión: "Ya no sé qué hacer, nada la satisface, siempre quiere más y más". Un día después, la esposa me comentaba entre lágrimas: "No puedo vivir de esta manera, me falta amor". Dos frustraciones entrelazadas y ahorcándose mutuamente.

En la mayoría de las personas con este estilo, la necesidad de ser amadas funciona como una espiral ascendente, típica de los trastornos adictivos: "Cada vez que me dan amor confirmo que valgo la pena y soy un ser maravilloso; luego, cuanto más me amen, mayor será mi grado de satisfacción; por lo tanto, quiero más". En consecuencia, si les falta la dosis de "amor" adecuada, saldrán a buscarla en otra parte. El mejor postor afectivo, el que más se rinda ante el encanto seductor del exhibicionista, es quien tendrá mejores opciones de conquista. Entre una relación apasionada que asfixie y una que libere, así la pasión no sea de película, algunas personas prefieren la segunda opción. Y para otros muchos es más importante la taquicardia y el arrebato, donde predomine la sensación por encima de todo: enamoramiento, más que amor.

¿Por qué nos enganchamos en una relación histriónica? Los cantos de sirena

Es muy fácil caer en las redes histriónicas porque la mezcla de seducción y buena apariencia es arrolladora para cualquier mortal necesitado de aprobación o erotismo. No olvidemos que estas personas son "especialistas" en atrapar a los demás y meterlos de cabeza en el juego arrollador del coqueteo o el galanteo. Aunque las causas por las cuales podríamos engancharnos a un amor hostigante son muchas, me centraré en tres vulnerabilidades específicas y sus necesidades asociadas. Si posees alguna de ellas, podrás convertirte en presa fácil de cualquier encantador de serpientes: "Necesito una pareja *light*, que no me complique la vida", "Necesito alguien más extrovertido que yo" y "Necesito que me valoren".

Superficialidad/frivolidad: "Necesito una pareja light, que no me complique la vida"

A las personas que poseen un esquema de superficialidad/frivolidad, la actitud *light* de los histriónicos les resulta especialmente atractiva y relajante. Puesto que no quieren complicarse la vida, la trivialidad de las personas histriónicas les viene como anillo al dedo. La norma: pensar poco, sentir mucho. Estamos de acuerdo en que la compatibilidad afectiva no tiene por qué darse en la más elevada trascendencia; hay parejas cuyo punto de contacto más profundo son las palomitas de maíz en un cine vespertino. ¿Y qué? El problema podría aparecer cuando uno anda navegando en la quintaesencia del saber y el otro está a ras del suelo. Pero no falta quien quiera convertir a su pareja histriónico/teatral en un Einstein enamorado, y ahí las cosas se complican porque los olmos no dan peras.

Recuerdo el caso de un paciente, muy culto y circunspecto, que se sintió atraído por las curvas y la sensualidad de una mujer histriónica. Solo para señalar algunas discrepancias: a ella la gustaba el baile y la rumba, y a él la literatura y el cine de arte; ella se vestía elegantemente y él parecía un mamarracho; ella no leía ni los titulares de los periódicos y él se devoraba hasta los obituarios. Solamente los unía el espíritu de la conquista en plena efervescencia. No obstante, pese a los malos augurios, el hombre intentó "educarla" e introducirla en un mundo más intelectual, para que sus amigos y amigas pudieran aceptarla. De más está decir que el experimento fue un rotundo fracaso. La mujer no negoció su esencia y, a los pocos meses, dejó al erudito por el baterista de un grupo de rock, mucho más afín a sus preferencias personales. No se puede nadar en aguas distintas. Si cada vez que te metes mar adentro tu pareja se queda en la orilla, algo anda mal.

Una vez le pregunté a un paciente que quería divorciarse cuál era la diferencia fundamental e irreconciliable que lo alejaba de su mujer. El hombre pensó un buen rato antes de contestarme, tanto que acomodé mis papeles y tomé el bolígrafo para no perderme detalles. Finalmente, dijo: "A mí me gusta bailar y a ella no". Reduccionismo afectivo, amor ultraliviano que, paradójicamente, no levanta vuelo.

Ineptitud social: "Necesito a alguien más extrovertido que yo"

El principio que mueve este esquema es la *compensación*. Juntarse para que lo positivo del otro sirva de soporte a lo negativo de uno. Por desgracia, el amor acuñado no suele funcionar bien. Si tienes un déficit psicológico en alguna área, es mejor y más saludable hacerte cargo personalmente del problema que disimularlo en las cualidades de tu pareja. Por ejemplo, es muy común que las personas que se consideran a sí mismas socialmente incompetentes, tímidas o introvertidas se sientan atraídas por quienes muestran un patrón extrovertido de conducta y/o por los individuos que poseen un estilo histriónico/teatral. En esto la naturaleza humana es contundente: admiramos o envidiamos a quienes tienen lo que no tenemos.

Por lo general, nos sentimos nivelados si nuestra pareja es capaz de hacer cosas que somos incapaces de hacer. Una mujer tímida, casada con un hombre extrovertido y bastante histriónico, me comentaba por qué se había enamorado de su marido: "Yo soy una tonta incapaz de interactuar con la gente... Él es lo opuesto, cuenta chistes y es capaz de animar una fiesta aburrida. Es un motivador nato... Mi sueño era ser una persona desenvuelta, pero ya no importa...". Cuando le sugerí que no se diera por vencida y tratara de vencer la timidez, me respondió: "¡Pero si lo tengo a él! ¡Ya para qué!". Amor de prótesis. Extraña manera de pensar y balancear las cosas, como si la pareja fuera una pata de palo especialmente diseñada para uno.

Si piensas que tu pareja es como una especie de refugio para adormecer tu *incompetencia social*, estás fuera de foco. No importa con cuántos *showmen* o cuántas *showgirls* te enganches, el amor compensatorio no hará que superes el déficit en habilidades sociales. Podrás esconderte detrás de la persona que amas, camuflarte en él o ella, pero, tarde que temprano, el problema asomará por alguna parte.

Autoestima pobre: "Necesito que me valoren"

Si estás buscando que alguien reafirme tu autoestima, las personalidades histriónicas son expertas en conceder halagos y reconocimientos. El encadenamiento entre una persona histriónica y una con baja autoestima se establece con base en un intercambio implícito, donde cada quien recibe del otro lo que necesita: tú seduces y yo me dejo seducir, tú quieres encantarme y yo me dejo encantar, tú necesitas que exalten tu belleza y yo la exalto. Contubernio afectivo bien balanceado. El acuerdo quedará sellado con doble cerrojo.

Se conforma así un contexto afectivo repleto de arrumacos y alabanzas, donde el supuesto amor se vuelve cada vez más pomposo. Sin embargo, este tipo de vínculos pródigos en intercambios positivos no fortalece el autoconcepto, como podría pensarse. La autoestima quedará más bien embaucada ante la lluvia de reforzadores y algunas mentiras "piadosas" salpicadas de afecto. Recuerdo el caso de un paciente hombre que, después de romper una relación de ocho años, me confesaba: "Yo sé que es absurdo, pero mi ex me hizo creer que mi pene era enorme… La verdad es que yo nunca me preocupé por eso, pero al ver que ella vivía impresionada por lo grande que era, me lo creí… Hasta que hace poco salí con una mujer más madura y me dijo que lo tenía pequeño, pero que no me preocupara porque el tamaño no era lo más importante en una relación sexual…". ¿No será que, consciente o inconcientemente, el estilo histriónico dice exactamente lo que el otro quiere escuchar para obtener afecto y atención a cambio? He visto relaciones donde las mentiras que se dicen están tan bien montadas que la realidad estorba.

Si tu autoestima es pobre, el histriónico sabrá endulzarte los oídos y alegrarte la vista hasta que tu ego se recupere, al menos, con él o ella. Entonces, surge la pregunta: ¿cuál será el pronóstico de una pareja donde ambos son histriónicos? Bastante malo. Este encuentro de personalidades similares, más que "encuentro", sería un choque de trenes a toda velocidad, porque rápidamente estarían compitiendo entre ellas por ganar la atención del entorno y eso sería insoportable para ambas.

¿Podemos relacionarnos saludablemente con una persona histriónica?

De acuerdo con mi experiencia clínica, un histrionismo leve o moderado se deja manejar y hasta puede ser agradable, si sabemos y podemos dosificarlo. El inconveniente se presenta cuando se exagera el "picante" y el amor se hace tóxico. Aunque no sea tarea fácil, la clave para estar con una persona histriónica es que esta aprenda a regular sus estados de ánimo y su dependencia. Entre la frialdad del amor lejano y distante (esquizoide) y el arrebato afectivo del histriónico, hay un punto medio donde el amor no fastidia y es agradable.

Estrategias de supervivencia afectiva

La gente suele recurrir a dos estrategias básicas para sobrevivir a un estilo histriónico/teatral: una línea blanda (convertirse en un oso de peluche y dejarse invadir sin ofrecer la menor resistencia) y una línea dura (restringir la expresión de afecto y marcar límites). Veamos cada una de estas opciones.

Dejarse invadir por el sentimiento del otro y no ofrecer resistencia

El costo principal aquí es perder los espacios de referencia y convertir la relación en algo sumamente empalagoso. No poner límites y entregarse a una persona histriónica implica aceptar las consecuencias de una seducción constante y un amor que se manifestará segundo a segundo. Los que eligen esta estrategia de convivencia deben reunir dos condiciones: un buen estado físico y no ser claustrofóbicos. Reconozco que hay gente que casi nunca se siente invadida por nada ni por nadie, no obstante, la gran mayoría de seres humanos marcamos una zona de exclusión, buscando salvar la autonomía. Se necesitan momentos de soledad para funcionar bien. Lo contrario, el hacinamiento y la presión externa o interna, así sean patrocinados por el amor, siempre producen una reacción agresiva o defensiva: esa es la respuesta natural de la vida cuando le quitamos movilidad.

Un paciente me comentaba que las relaciones sexuales con su esposa se habían vuelto una verdadera tortura, porque su mujer valoraba el grado de atracción que ella ejercía sobre él por la dureza de la erección del pene. La señora, vaya a saber con qué método, había desarrollado la habilidad de tasar "al toque" cuántas eran las ganas de su marido. Si la tiesura no daba el estándar esperado, el interrogatorio era inevitable: "¿Ya no te gusto como antes?", "¿Te pasa algo?", "¿Hice algo mal?". Y luego llegaba el imperativo categórico: "¡Muéstrame cuánto me quieres!". Cómo habrá sido la angustia del hombre, que un día me pidió un certificado que lo excusara de sus obligaciones maritales debido al estrés que padecía.

Los comportamientos que guían esta estrategia son:

» Tener paciencia si la persona histriónico/teatral tiene arranques de ira.
» No reprimir su expresión de afecto.
» Ser detallista, tanto verbal como materialmente.
» Jamás olvidar aniversarios y otras fechas importantes.
» Alabar y exaltar constantemente sus encantos y atributos.

» No intentar asumir posturas intelectuales y muy profundas.

» Brindarles cariño y amor sin límites.

» Dejar que llamen la atención cuando quieran.

» Acompañar su emotividad.

» Jamás rechazar sus acercamientos o decirles que "no".

» No castigar sus pataletas.

¿Podrías entregar tu espacio vital y dejar que el amor del otro te aplaste, así sea dulcemente? ¿Te acoplarías a las necesidades de ella o él, pese a las exigencias de un afecto demandante para que todo "funcione bien"?

Ponerle límites al amor hostigante y defender la autonomía personal

Los que deciden actuar acorde con una estrategia de línea dura defenderán su soberanía personal a como dé lugar. No aceptarán sentirse asfixiados por el amor. Tampoco se resignarán a tener una vida superficial y querrán que la pareja no haga el ridículo llamando la atención de manera inadecuada. Es decir, la posición no será permisiva: "O cambias tu manera de ser por una más recatada, o me voy". Solo hay un pero: cuando se le retira el afecto a una persona histriónica, su reacción casi siempre es violenta y puede estar acompañada no solo de rabietas, sino también de gestos o intentos de suicidio.

Los siguientes comportamientos definen las estrategias de línea dura:

» No aceptar ningún tipo de manipulación, no importa las circunstancias.

» Marcar claramente el territorio y los propios espacios, y no dejar que la pareja los traspase.

» Ejercer el derecho a no expresar ni recibir afecto, dejando claro que hasta el amor requiere consensos.

» Confrontar a la pareja cuando intente llamar la atención en público.

» Tener actividades personales sin la compañía del otro.

» No dejarse atrapar por la seducción cuando uno no quiere.

» Criticar la superficialidad, si existiera.

» No resignarse a una vida sexual pobre.

» Equilibrar lo emocional con lo racional.

¿Eres capaz de elegir esta estrategia y asumir las consecuencias? Te recuerdo que retirarle la atención o el afecto a una persona histriónica es activar una bomba de tiempo. De todas maneras, si el grado de hostigamiento es alto, poner límites se convierte en una necesidad vital imposible de negociar. Hay que hacerlo con ternura y paciencia, explicando las razones y dialogando. No creo que una estrategia cruda y sin consideración, que es la que utilizan muchas personas cuando están desesperadas por el acoso afectivo, conduzca a nada positivo. El amor histriónico es exponencial: por cada gramo de amor que se entregue, se recibirán varios kilos. Por las buenas es mejor.

¿Hasta dónde negociar?

Pienso que con estas personas hay cosas para negociar, porque su estructura mental no está dirigida a menospreciar ni acabar al otro. Se llega al irrespeto por exceso y no por defecto, por baja autoestima y no por arrogancia. Además, el amor ya existe en grandes cantidades; más bien, hay que aprender a dosificarlo. Si bien es cierto que no podemos decirle a alguien que nos ame menos, sí podemos pedirle que regule sus expresiones de afecto y sus emociones asociadas.

Un paciente, casado con una mujer histriónica, me comentaba: "Creo que he avanzado mucho con ella. Ya respeta más mis momentos y la veo más controlada... Pero siento como si estuviera educando a una niña pequeña... Creo que apenas la estoy descubriendo...". Y es así. Algunos se decepcionan y no tienen paciencia; otros terminan enamorándose más. ¿Qué podríamos negociar? Por ejemplo: redefinir los espacios personales, crear momentos de racionalidad, tratar de resolver los problemas en el diario vivir de manera consensuada, reevaluar la seducción, aprender a discriminar cuándo y dónde es propicio ser el centro de atención, rescatar la soledad como un derecho de ambos, darle un nuevo significado al sexo, desarrollar aficiones o actividades individuales que permitan canalizar la capacidad creativa del histriónico (v.g. teatro, pintura, baile, moda) y hacer a un lado el pensamiento simplista y superficial para ir desarrollando poco a poco cierto interés por temas más profundos y complejos. Todo esto requiere esfuerzo, ganas y, en ocasiones, ayuda profesional. Tú decides.

Cómo reconocer el estilo histriónico antes de enamorarse

Si el estilo afectivo histriónico/teatral no es tu tipo, no estés tan seguro o segura, podrías cambiar rápidamente de opinión si tienes en frente una persona exhibicionista haciendo de las suyas. ¿Quién cae con más frecuencia en la telaraña histriónica? Las personas que poseen un esquema de *ingenuidad/credulidad*, cuya máxima es: "Quiero creer que te gusto de verdad". La candidez interpersonal durante la conquista hace estragos. Una paciente muy incauta, después de salir dos veces con el típico donjuán, concluía: "Yo siento que él fue sincero… Creo que vio algo especial en mí… No voy a ser una más, mi corazón me lo dice…". Cuando el hombre tuvo sexo con ella, desapareció. El corazón también miente y se equivoca. Seamos realistas y un poco más maliciosos: la exclusividad solo se logra con el tiempo compartido y bastante amor, cosa que es imposible en unas cuantas citas. "Me gusta gustarte" o "Me gustas porque te gusto", premisas que te arrastran hacia el amor hostigante.

Algunas de las siguientes pautas pueden servirte para identificar a las personas histriónico/teatrales:

» Son llamativas. Ya sea por su forma de vestir, su manera de hablar, sus movimientos o sus gestos.

» Se implican emocionalmente en todo lo que dicen y hacen.

» Siempre estarán pendientes de decir lo que esperas escuchar o de adularte exageradamente, incluso por cosas que no merecen halago.

» No conocen la discreción, así que es probable que a los pocos minutos de estar en algún lugar público, ella o él se conviertan en el centro de miradas y comentarios.

» Son comunes frases como: "Es la noche más feliz de mi vida", "Nunca había conocido a alguien así", "Soy una persona afortunada". El problema no está en el contenido de las frases, que pueden ser ciertas, sino en la ligereza con que se dicen.

» Pese a la alharaca demostrativa, no es improbable que te estrelles contra un enorme "no" si intentas pasar rápidamente del "juego seductor" al "juego sexual". Habrás leído mal los códigos. Recuerda que para los histriónicos, "seducción" y "cama" no van ligados necesariamente, lo cual no quita que el acto pueda consumarse.

» Es muy probable que existan roces, toques de mano, acercamientos incitantes y, a veces, invasores, así como preguntas muy directas que harán que te enconches defensivamente ante tanta arremetida o que simplemente te asombres sin saber qué hacer.

Un día, un paciente llegó a mi consulta sumamente avergonzado conmigo: "Lo siento, de verdad, lo siento... Le juro que apliqué todo lo que me enseñó, pero pudo más su belleza, su cuerpo, su piel, su perfume, su coquetería, su simpatía; en fin, doctor, entre ella y usted, me decidí por ella... No importa que me regañe, pero nadie se hubiera resistido a esa mujer, ¡usted la viera! Y lo peor es que creo que estoy empezando a enamorarme... No digo que sus técnicas terapéuticas no funcionen, pero debería mejorarlas... A pesar de todo, ¿puedo seguir siendo su paciente?". Mi respuesta fue simple: "Empecemos de nuevo".

CUANDO LA PERSONA HISTRIÓNICO/TEATRAL ERES TÚ: ALGUNAS CONSIDERACIONES

Recuerdo una de las fábulas de Augusto Monterroso, *El perro que deseaba ser un ser humano*, donde el autor cuenta el caso de un perro que "se había metido en la cabeza convertirse en un ser humano" y después de varios años de esfuerzo denodado había logrado caminar en dos patas. Sin embargo, cuenta el autor, algo lo delataba: seguía mordiendo, daba tres vueltas antes de acostarse, salivaba cuando sonaban las campanas y de noche gemía cuando veía la luna. Moraleja: cada quien posee una esencia que lo define y aceptarla es un signo de salud mental. Sin vanidad, sin adornos innecesarios, ser uno mismo en cuerpo y alma.

Como habrás concluido de la lectura del capítulo, tu autoestima deja mucho qué desear: crees que vales por lo que aparentas y no por lo que eres. No niego que la simpatía y la apariencia física sean un ingrediente importante durante la conquista, pero no son ni definitivos ni contundentes para lo que sigue luego. Después de la conquista, en el cara a cara, obligado e inevitable, lo que pesará es tu ser, tu visión del mundo, tu ternura; es decir, la persona verdadera, sin camuflaje y sin la lógica decorativa que te caracteriza.

De ninguna manera critico la emotividad en sí. Pero reconozco que la capacidad de expresión se embellece con la participación de dos virtudes: la *prudencia* (la capacidad de discernir dónde, cómo y cuándoes conveniente hacer o dejar de hacer algo) y la *sobriedad* (no exagerar ni irse para los extremos). Es evidente que tienes dificultades para llevar a buen término estas dos virtudes, porque hay momentos en que las emociones te empujan a actuar sin moderación, sin importar el costo. ¿Qué hacer? Cultivar la sencillez, lo contrario del lucimiento, de la pompa, de la fastuosidad. Y cuando hablo de sencillez no me refiero a lo simple o a lo insípido. Tu chispa debe continuar, pero acomodada al buen juicio. El filósofo

Comte-Sponville dice al respecto: "La sencillez no es inconciencia, la sencillez no es estupidez. El hombre sencillo no es un simple. La sencillez constituye más bien el antídoto de la reflexividad y de la inteligencia, porque le impide acrecentarse...".

¿Por qué eres así? Es posible que tus padres hayan reforzado en ti la conducta de llamar la atención o que tuvieras cerca modelos histriónicos a los que imitaste. Muchas familias consideran la belleza, la seducción y la fama como valores importantes que deben trasmitir a sus hijos. Tampoco podemos descartar que hayas heredado un sistema nervioso altamente reactivo y sensible. Como verás, tu comportamiento es explicable. La ayuda profesional en tu caso es de buen pronóstico, porque se orientará a modular y regular tu estilo para que logres un equilibrio saludable. Ningún terapeuta serio intentará arrasar con tu identidad, más bien, lo que hará será encausarla para que saques el mayor provecho de tus habilidades naturales. No obstante, cualquier terapia que inicies implicará para ti un esfuerzo racional que no siempre es fácil para alguien acostumbrado a manejarse por el sentimiento. En los libros *Amar o depender* y *Los límites del amor* propongo alternativas que podrían servirte.

CAPÍTULO 2

ESTILO PARANOICO-VIGILANTE
EL AMOR DESCONFIADO

*¿Qué soledad es más solitaria
que la desconfianza?*

GEORGE ELIOT

Si tienes la mala suerte de estar con una pareja paranoica, serás culpable hasta que demuestres lo contrario. Para él o ella no importará tu buena conducta ni
las demostraciones de amor. Siempre estarás en la lista
negra de los enemigos potenciales, tu proceder siempre
esconderá una "segunda intención". La premisa del pa-
ranoico/vigilante es deshumanizante: "La gente es mala
y si bajas la guardia, te lastimarán", familia incluida. Ser
recelosos y contraatacar es su mejor forma de sobrevivir en un mundo percibido como hostil y explotador. El
amor desconfiado pone al otro bajo sospecha y lo obliga a presentar descargos que demuestren su fidelidad
y lealtad. Pero el amor y la desconfianza no son com-
patibles, no importa cuántos "certificados" presentes.
No encajan bajo el mismo techo.

Sara era una mujer de treinta años, casada y con dos niñas pequeñas. Debido a que estudiaba odontología, distribuía su tiempo entre la universidad y la casa. Su esposo, Felipe, era un hombre de cuarenta y dos años con un perfil claramente paranoico, que gastaba gran parte de su tiempo en vigilar a su mujer. La "verificación" constaba de un sinnúmero de estrategias fiscalizadoras: chequear llamadas telefónicas, revisar el estado de cuenta de sus gastos, perseguirla, llegar a los lugares donde ella se encontraba sin avisar, buscar contradicciones en la información, revisar su correo; en fin, un investigador de la CIA era un simple aficionado comparado con Felipe. Una de las "pruebas" era especialmente humillante para Sara. A veces, cuando llegaba tarde de la universidad, él la esperaba con cara de ogro, la llevaba de un brazo al dormitorio y le pedía que se desnudara. Entonces, olfateaba la ropa interior y sus partes íntimas, buscando algún vestigio masculino que pudiera delatarla. Obviamente, Felipe no siempre era así. Cuando el esquema de desconfianza estaba desactivado, lo que ocurría solo de tanto en tanto, era tierno y especialmente amable, pero bajo los efectos de la paranoia, se convertía en una persona insoportable y amenazadora.

En una sesión le pregunté por qué continuaban sus sospechas si nunca había logrado confirmarlas. Su respuesta fue desconcertante: "No es así de simple... Ella es muy inteligente... A veces pienso que hace 'sus cosas' tan bien hechas que no deja pruebas por ningún lado". Sara no tenía escapatoria: sin importar cuáles fueran sus comportamientos, estaba moralmente condenada. Cuando la mujer asistió a mi consulta, se le diagnosticó una depresión moderada y un trastorno de pánico, posiblemente como resultado de la situación "sin escape" en la que se hallaba: no era capaz de dejarlo porque lo quería y no era capaz de sugerirle que pidiera ayuda profesional porque le temía. Su relación de pareja era una prisión y el hombre que ella amaba, su carcelero.

Para Felipe, la cosa no era mejor. Su tragedia consistía en amar a su "mejor" enemiga. Así que mientras él trataba de defenderse de los supuestos ataques y engaños de Sara, ella se hundía cada vez más en la desesperación. Un día dejaron de ir a las consultas. Lo último que supe es que todavía siguen juntos.

Vivir con el enemigo

Estamos de acuerdo en que la desconfianza no siempre es contraproducente. Para alguien que trabaje en una agencia de espionaje, la suspicacia será una buena herramienta de supervivencia, lo mismo para un soldado en plena guerra o incluso para algunos emigrantes que llegan a tierras hostiles. El niño suele ser desconfiado ante los extraños y eso garantiza su seguridad ante posibles depredadores. Si andas por un barrio peligroso donde podrían asaltarte, "confiar en la suerte" seríauna estupidez. En eso estamos de acuerdo. El problema con el estilo paranoico/vigilante es que la suspicacia se generaliza irracionalmente y se transforma en un modo de vida.

La inaceptable propuesta afectiva del amor desconfiado gira alrededor de tres esquemas destructivos: "Si doy amor, te aprovecharás de mí" (*inhibición defensiva*), "Si no estoy vigilante, me engañarás" (*focalización maladaptativa*) y "El pasado te condena" (*fatalismo afectivo*).

"Si doy amor, te aprovecharás de mí"

Como dije antes: "enamorado del enemigo". ¿Habrá mayor paradoja para un paranoico? Entrar en una relación afectiva implica bajar las defensas y dejar que el otro penetre nuestras barreras; "entregarse" significa quitarse las máscaras y mostrarse libremente como uno es. Pues bien, para alguien que posea un estilo paranoico/vigilante, lo anterior es visto como un acto de traición a sí mismo, una forma infame de suicidio psicológico. Amor malicioso y escéptico: "Te amo con reservas y dudas, con prudencia y recato, te amo a la defensiva y a la retaguardia". ¿Será un buen amor si los requisitos son tantos y tan mezquinos? Una mujer con rasgos paranoicos me decía: "Yo nunca me abro totalmente a los demás... No voy a correr el riesgo de que alguien me conozca de verdad, ¡de ninguna manera! Más bien, muestro lo que me conviene y hago lo posible para no enamorarme, porque sé que si me enamoro, me ablando y quedo a merced del otro para que termine aprovechándose de mí...". Amor en estado de guerra y listo para el contraataque. Disimular lo que se siente, contenerlo, aminorarlo para que nadie pueda penetrar en el búnker personal: eso no es amor sino planeación estratégica. Lo curioso es que mi paciente se lamentaba de su soledad. Para alguien así, cualquier relación estable es poco menos que encerrarse en un cuarto con Hannibal Lecter.

En cierta ocasión, un señor me confesó la razón de su "continencia afectiva": "La verdad, lo hago a propósito... Aunque la quiero mucho, prefiero dosificarle el cariño para que no se aproveche de la relación... Así me marcha bien y la tengo bajo control...". Cuando le respondí que una relación así era dañina para ambos y muy difícil de sobrellevar, expresó de inmediato su desacuerdo: "Pues ella no se ha traumatizado y no nos hemos separado… No veo el problema…". La prevención, en estos casos, ofende. Si mi pareja creyera que yo pretendo aprovecharme de su amor en algún sentido, le pediría que cambiara o no podría seguir con ella.

"Si no estoy vigilante, me engañarás"

La *lectura de la mente* es la distorsión cognitiva preferida del paranoico. Casi siempre está "pensando en lo que el otro piensa que él piensa" y escarbando en las intenciones de su pareja. La angustia que genera la suspicacia en estas personas es tal, que algunos sienten alivio si sus hipótesis se cumplen. Prefieren el hecho consumado del engaño, así duela, que la incertidumbre cotidiana. Alguien que había descubierto a su esposa en una infidelidad sostenida me dijo con alivio: "Al menos se terminó, la sospecha me estaba matando". ¿Será preferible el dolor de la incertidumbre resuelta a la felicidad probable?

Celos reales o imaginarios, aterrizados o delirantes, pasados o futuros, todos duelen igual y hacen el mismo estrago. Si tu pareja coquetea descaradamente con alguien en tus narices y te enfureces, es natural. A nadie le gustan los cuernos y menos de frente. ¿Qué haría una persona "normal" en una situación de estas? Encarar la cuestión, decir honestamente lo que piensa y tratar de sentar un precedente no violento al respecto. Pero también es posible, si practicas la filosofía *swinger*, que te guste ver a tu media naranja flirteando, obviamente si la fantasía es compartida. Cada quien corre con sus gustos y los costos asociados; lo importante es respetar los acuerdos y que exista cierta compatibilidad de fondo. Por ejemplo, no me imagino un paranoico con una persona histriónica.

Los celos patológicos son distintos. Ocurren sin fundamento alguno y el celoso empieza a establecer correlaciones ilusorias y a atar cabos que no están sueltos. Las interpretaciones erróneas se disparan todo el tiempo y pueden llegar a constituir un *trastorno celotípico delirante*. Veamos un ejemplo ilustrativo: un paciente estaba seguro de que su mujer hacía el amor con alguien mientras él dormía a su lado, por lo que había decidido pasar las noches en vela y agarrar al intruso con las manos en la masa. Está de más decir que nunca se topó con el supuesto amante.

Pero quizás lo que más le moleste al paranoico es su orgullo herido, en tanto el engaño rompe traicioneramente un pacto preestablecido de exclusividad afectivo/sexual. En este punto, vale la pena aclarar que el "honor mancillado" y la "dignidad territorial" no solo son problemas masculinos, sino también de las mujeres. Veamos parte de un diálogo que sostuve con una señora que había descubierto que su marido le era infiel, pero no quería dejarlo.

Terapeuta: ¿Usted lo ama?

Paciente: No mucho.

Terapeuta: Entonces, ¿por qué sigue con él? ¿Se justifican los gritos, las peleas, las persecuciones y todo el escándalo que se ha producido?

Paciente: Él es mío, así no quiera…

Terapeuta: Hay algo que no entiendo bien... Si no lo ama, ¿qué es lo que le duele?

Paciente: El orgullo, la dignidad... Una mujer trató de quitarme lo que me pertenecía... Se metió en mi vida...

Terapeuta: Insisto, ¿no sería mejor dejar todo por un tiempo, en vez de hacerse tanta mala sangre, de sentir tanto rencor y odio? Esto podría enfermarla...

Paciente: ¿Enfermarme? ¡Me mantiene viva! ¡Él tiene que pagar!

Terapeuta: ¿Pagar?

Paciente: Tiene que resarcir el daño que me ha hecho.

Terapeuta: Pero, ¿de qué manera se sentiría usted satisfecha?

Paciente: Todavía no sé... Tiene una deuda conmigo y hasta que no la pague, no lo dejaré en paz...

Cuando se juntan infidelidad y rencor, todo vuela por los aires. El perdón no encuentra cabida y las segundas oportunidades son tan lejanas como la paz mundial.

"El pasado te condena"

Un joven paciente vivía angustiado por el pasado afectivo de su pareja. Su mente no concebía que ella hubiera tenido algunos pretendientes y un novio antes de él. En su búsqueda insaciable y casi masoquista por saberlo todo, el hombre esculcaba más de la cuenta. Sus preguntas eran inquisitorias: "¿Lo besabas? ¿Te dejabas tocar? ¿Usabas faldas cortas? ¿Eras feliz? ¿Cómo te besaba, con lengua o solo por encima? ¿Le agarrabas el pene?", y cosas por el estilo. Por su parte, la mujer le contaba todo con lujo de detalles, creyendo que con eso el hombre se tranquilizaría. Pero el efecto era exactamente el contrario: cada relato era como echarle gasolina a una fogata encendida. Extracto parte de una conversación que tuve con él:

Terapeuta: ¿Por qué te pones tan ansioso por algo que ocurrió antes de conocerla?

Paciente: Me desespera pensar que ella disfrutó sin mí... No lo acepto...

Terapeuta: ¿Te refieres a lo sexual o también a lo afectivo?

Paciente: ¡A todo! ¡Quiso a otro, fue feliz con él, lo extrañaba, lo besaba, disfrutó! ¿No se da cuenta de lo que eso significa?

Terapeuta: Me parece que ella se comportó como lo haría cualquier mujer... No veo nada preocupante...

Paciente: ¡Se besuqueaba con ese idiota de novio que tenía!

Terapeuta: Bueno, pero eso hacen los novios de todo el mundo...

Paciente: Yo hubiera preferido una mujer de las de antes y ser el único en su vida.

Terapeuta: En realidad, eres el último... Ella te es fiel y te ama hoy, ¿no es suficiente?

Paciente: ¡Ya me engañó!

Terapeuta: No entiendo...

Paciente: Me traicionó desde que tenía dieciséis años, desde que estuvo con su primer hombre...

Terapeuta: ¡Pero tú no existías en su vida! ¡No te conocía!

Paciente: No importa, pero lo hizo...

No hubo poder humano ni terapéutico que le hiciera cambiar de parecer. No fue capaz de modificar el esquema que daba origen a sus celos y, finalmente, la relación se rompió con un gran costo emocional para él y, especialmente, para ella, que después de tanto análisis retrospectivo terminó sintiéndose culpable de su "oscuro" pasado. Celos regresivos, exclusividad radical y hacia atrás, incluso antes de existir. ¿Habrá mayor sentido de posesión, una forma de resentimiento más anacrónica e irracional? El estilo paranoico se regodea en la memoria de eventos negativos, extrae conclusiones absurdas y luego censura sin piedad. Para la gente muy celosa y rencorosa, el tiempo no limpia las heridas, las exacerba y las mantiene abiertas.

¿Por qué nos enganchamos en una relación paranoica? Las ventajas de la suspicacia

Hay gente para todo, incluso para las relaciones paranoicas. No es que se sientan atraídos por el estilo en sí, sino por las ganancias secundarias que se desprenden del vínculo y porque logran compensar algún déficit personal. Esta búsqueda o encadenamiento, como ocurre en la mayoría de los casos, no es necesariamente consciente; simplemente ocurre cuando la posible víctima va sintiendo que el otro contribuye a subsanar ciertas necesidades. Este "empalme por lo malo" va configurando con el tiempo un apego negativo, muy difícil de erradicar.

Si posees alguno de los siguientes esquemas maladaptativos y sus necesidades asociadas es probable que el estilo paranoico/vigilante y el amor desconfiado que de él se desprende terminen por atraerte: "Necesito una pareja que justifique y acompañe mi aislamiento", "Necesito que me celes y sufras por mí, para sentir que tu amor es verdadero" y "Necesito que me ayudes a detectar a los enemigos".

Lazarillo social: "Necesito una pareja que justifique y acompañe mi aislamiento"

Las personas introvertidas o con ansiedad social pueden encontrar en los sujetos paranoicos un buen aliado para no estar cerca de la gente, aunque sus motivaciones sean distintas. Mientras el estilo paranoico buscará evitar que los demás se aprovechen de él, la persona tímida evitará exponerse a la crítica de quienes le rodean. El "pegamento afectivo" de estas parejas será el temor.

Lo que tienen en común es el fastidio por los otros y por eso prefieren tomar distancia e incrementar su territorialidad. El paranoico dirá: "Si me conocen, verán mis debilidades e intentarán manipularme o atacarme". La persona que padece ansiedad social, manifestará: "Con seguridad haré el ridículo". He conocido más de un pareja que establece este tipo de "alianzas estratégicas", donde la clave que los acerca es padecer dolencias similares. Amor consolatorio, además de compensatorio.

Una persona tímida, socialmente ansiosa o introvertida encontrará en el estilo paranoico un respaldo a su aislamiento social. Podrá pensar que es una maravillosa coincidencia, cuando en realidad será la manifestación de dos patologías que se encuentran en un lugar común: la gente.

Sufrimiento confirmatorio:
"Necesito que me celes y sufras
por mí para sentir que tu amor es verdadero"

Celos como confirmación. El dolor y la preocupación del otro vistos como un indicador confiable de que el amor está vigente: "Tu sufrimiento me excita", "Tu dolor por mí me enaltece" (¿sadismo amoroso?). Es la visión del amor sufriente, como lo planteara Platón, el amor descontrolado y maníaco, el amor inseguro y obsesivo que teme perder a su amada o amado. En la posesión, el otro pasa a ser un objeto sin voz ni voto. Cuando un enamorado afirma: "Me perteneces" y su pareja entra en éxtasis, hay dos trastornos que se retroalimentan entre sí. El depredador y su víctima empiezan a funcionar sincronizadamente: "Poséeme, cuídame y enloquécete por mí" (el dependiente) y "Debo vigilarte porque creo que me dejarás" (el paranoico). ¿Cómo ubicar una pizca de racionalidad en semejante componenda? *Sufrimiento confirmatorio* de parte y parte: uno porque duda y el otro porque se siente perseguido. Eros enloquecido.

Para las personas que ven en los celos una forma emocional de compromiso afectivo, el amor sin sufrimiento es sospechoso de desamor. Una de mis pacientes sustentaba así esta filosofía de padecimiento amoroso:

Paciente: Mi pareja sufre mucho por mí...
Terapeuta: ¿Y eso no te preocupa?
Paciente: Pobre...
Terapeuta: ¿Por qué sonríes?
Paciente: No puede vivir sin mí...
Terapeuta: Pero él sufre mucho, ¿verdad?
Paciente: Teme perderme, cree que no lo quiero lo suficiente...

Terapeuta: Sin embargo, tú me has dicho que sí lo amas…
Paciente: Es verdad… Pero me gusta verlo desesperado
             por mí, cuidándome a toda hora… Asustado…
             ¡Nunca me habían querido tanto!
Terapeuta: De todas maneras, es un amor muy desconfia-
             do y típico de un estilo paranoico que puede
             resultar peligroso… ¿No estarás jugando con
             fuego?
Paciente: ¡Me encanta!
Terapeuta: ¿No piensas que desconfiar tanto de ti puede
             minar tu autoestima en algún sentido? Él ac-
             túa como si fueras una mujer muy "fácil"…
Paciente: ¡Todo lo contrario! ¡Mi autoestima va en au-
             mento! ¿No ve que ese hombre se muere por
             mí?
Terapeuta: ¿No te sientes asfixiada con tanta presión y
             control?
Paciente   ¡Me siento amada!
Terapeuta: ¿Y cuando te canses?
Paciente: ¡Nunca me voy a cansar!

A los cinco meses se acabó la relación porque la persecución del hombre terminó en agresión. La esencia de
los celos se refleja en una violencia almacenada que va
en aumento. Mi paciente subestimó el riesgo en el que
se encontraba y confundió la desesperación del paranoico con el furor del amor pasional; obviamente, estaba
equivocada.

El paranoico es experto en celar, custodiar, acechar,
espiar y emboscar a su pareja. Para algunos, esta actitud
enfermiza es sinónimo de un gran amor, cuando en realidad son los síntomas de una enfermedad. Un hombre

que salía con una mujer veinte años menor, muy celosa y desconfiada, me decía: "Yo sé que a ella se le va la mano, sobre todo cuando hace escándalos y tiene ataques de celos, pero para serle sincero, nunca me he sentido tan amado…". En realidad, deberíamos decir "tan acosado", pero mi paciente no veía la diferencia.

Desconfianza empática: "Necesito que me ayudes a detectar a los enemigos"

Este esquema es una variación del *lazarillo social*, pero mucho más acentuado. Si allá los miedos eran similares y congruentes, aquí son idénticos y superpuestos: amor desconfiado por partida doble. Las personas prevenidas o con rasgos paranoicos pueden sentirse atraídas inicialmente por la vigilancia y suspicacia de otros paranoicos, aunque después cada uno termine desconfiando del otro. La consigna que los mueve es: "Ya somos dos para cuidarnos de un mundo que amenaza con destruirnos".

"¡Mi alma gemela!", declaraba una mujer maravillada por haber encontrado un hombre más desconfiado que ella. Cuatro ojos ven más que dos, es verdad, y si además los corazones laten en una frecuencia parecida, el vínculo será irrevocable. Estilos afectivos entrelazados por metas comunes y vitales: detectar enemigos, prevenir estafas y escapar del abuso. ¿Habrá mayor identidad que compartir estrategias de supervivencia?

Imaginémonos el siguiente diálogo, durante encadenamiento virtual motivado por una *desconfianza empática*:

Él: La gente es una porquería...

Ella: No sé si tanto, pero no es de fiar.

Él: ¡Eso! ¡Veo que eres de mi bando!

Ella: Puede ser... Y, ¿cuál es tu bando?

Él: No bajar la guardia y estar alerta, no se puede confiar en los demás. Basta con leer los periódicos para saber lo que pasa...

Ella: En eso estamos de acuerdo. Yo soy muy cuidadosa, por eso no caigo fácil...

Él: Yo soy igual.

Ella: ¿Confías en alguien?

Él: En mi mamá... a veces, ¿y tú?

Ella: En mi papá... cuando se puede...

Él: ¿Confías en mí?

Ella: ¡Te acabo de conocer! ¿Acaso tú confías en mí?

Él: ¡Te acabo de conocer!

Ella: No creo que pudiera llegar a confiar en un hombre...

Él: Me pasa lo mismo con las mujeres...

Ella: Somos muy parecidos...

Él: ¿Salimos mañana?

Ella: Me encantaría.

Compatibilidad de caracteres altamente recelosos: convivencia y alerta máxima, cautela y seducción, orgasmos y prudencia. Recuerdo a una pareja amiga con estas características, que duró unida más de lo esperado. Cuando los visitaba, no dejaban de sorprenderme. Si sonaba el teléfono, escuchaban un ruido o tocaban la puerta, el reflejo de orientación parecía satelital: "¿Quién será?", se preguntaban con un gesto de marcada preocupación. Otro momento incómodo era cuando se interrogaban el uno al otro maliciosamente: "¿Qué quisiste decir con eso?", "¿Por qué me preguntas?", "¿Cuál es tu intención?", "¿Por qué no me lo habías dicho antes?". No eran dos egos entreverados, como decía Rilke, sino dos suspicacias que se requisaban mutuamente las veinticuatro horas. Vivían atrincherados en su casa, salían poco y casi no tenían amigos (aunque conocían cada movimiento de sus vecinos). Afortunadamente, no habían tenido hijos.

¿PODEMOS RELACIONARNOS SALUDABLEMENTE CON UNA PERSONA PARANOICA?

Jesús dijo que había que amar al enemigo, pero nunca sugirió que teníamos que vivir con él o ser su pareja. Inteligencia espiritual o emocional, qué más da, tenía razón. Amar saludablemente no implica que debamos justificar ante el otro cada uno de nuestros comportamientos, mostrar pruebas de solvencia moral o jurar que no somos parte de una red terrorista, como lo exige el amor desconfiado.

Estrategias de supervivencia afectiva

Para relacionarse con el estilo paranoico, la mayoría de las personas recurren a dos formas básicas de afrontamiento: someterse a la requisa del otro sin chistar y resignadamente o rebelarse al señalamiento acusador. Veamos cada una de ellas y sus consecuencias.

Acatar la vigilancia paranoica y presentar "justificantes" cada vez que se requieran

Una paciente casada con un hombre extremadamente desconfiado me resumía así su táctica de supervivencia: "Yo sé que debería ser más fuerte, pero la única manera

de tener una 'vida llevadera' con él es darle tranquilidad
y que vea que soy una persona de confiar". Llevaban más
de veinte años juntos y ella aún debía aportar pruebas
para demostrar su buen comportamiento. La gente que
utiliza esta estrategia mantiene la ilusión de control de
la situación; sin embargo, tal "acople" lo que hace es
reforzar la desconfianza del paranoico y perder cada día
más autonomía.

Veamos algunos comportamientos que definen esta
actitud:

» Evitar tomar iniciativas para no alimentar suspicacias.
» Evitar las críticas o cualquier tipo de cuestionamien-
   to a la pareja, así sean mínimos y justificados. El paranoico verá allí el origen de una conspiración contra
   su integridad personal y reaccionará con hostilidad y
   recelo.
» Evitar las peleas o discusiones, ya que cualquier alega-
   to quedará grabado a fuego en su memoria y lo sacará
   permanentemente a flote como "prueba" a su favor.
» Hay que ser muy claro y específico con cada cosa que
   se diga y haga para evitar "malos entendidos".
» Para evitar los celos es mejor tener solamente uno o
   dos amigos o amigas (aceptados por el paranoico),
   salir poco, reportarse con frecuencia y limitar la libertad.
» Manifestarles continuas muestras de respeto y lealtad.
» Brindarles toda la información cuando la pidan.
» Aprender a manejar sus crisis de ansiedad, que serán
   muchas e intensas.
» No tomar la iniciativa en cuestiones sexuales porque
   los asaltará la duda.

¿Eres capaz de vivir bajo la vigilancia y observación de tu pareja como si fueras una persona potencialmente desleal o traicionera? Ni el matrimonio es un arresto domiciliario santificado por el amor, ni el noviazgo un examen de idoneidad moral.

No acatar ninguna exigencia irracional y declararse en desobediencia

Si te niegas a entrar en el juego destructivo del amor desconfiado, te ratificarás como el enemigo principal de tu pareja. No acomodarte a sus exigencias será visto por él o ella como un acto imperdonable de alta traición, y si antes dudaba de ti, confirmará con creces sus sospechas. Así que poner a un paranoico en su sitio no es tarea fácil, porque su ansiedad será directamente proporcional a tus grados de libertad.

Algunos de los comportamientos que definen esta actitud son:

» Si no hay confianza, no hay relación sana. Con o sin ayuda, la pareja paranoica debe aceptar correr los riesgos naturales de cualquier relación.

» Esto implica que la relación debe ser recíproca y equilibrada en el manejo de la libertad de cada uno.

» El rencor no es aceptable en ninguna de sus modalidades. Si hay resentimientos enquistados, el amor irá extinguiéndose.

» Exigir el derecho a la información sobre los bienes económicos compartidos, que generalmente el sujeto paranoico esconde por miedo a la "estafa marital".

» Dejar sentado que cualquier intento de agresión o persecución indebida será enfrentada y denunciada ante las autoridades legales.

» Eliminar la mala costumbre de estar reportándose y dando explicaciones molestas y ofensivas sobre la propia conducta.

» No ser cómplice en comportamientos o actitudes paranoicas respecto a otras personas inocentes.

» Señalar los errores y los sesgos cuando corresponda.

» Poner como condición que la pareja asista a consulta psiquiátrica o psicológica.

Muchos enamorados paranoicos no soportan la liberación de su pareja y prefieren cortar la relación "por seguridad personal" (lo que podría considerarse un buen final). Pero otros harán uso del derecho a la legítima defensa y podrán tomar represalias violentas y/o acosadoras, lo que no augura un desenlace maduro y pacífico, como debería ser. Podrías intentar un diálogo constructivo y mostrarle que, si no cambia su manera de ser, se acabará la relación; pero será como arar en el desierto, porque tu decisión de "poder llegar a prescindir de él o ella" será evaluada como una afrenta moral o como la prueba irrefutable de que hay una tercera persona.

¿Hasta dónde negociar?

Como dije al comienzo, la premisa de una persona paranoico/vigilante es demoledora porque, hagas lo hagas, todo será usado en tu contra; y aunque no seas un "infiel serial" o una "estafadora compulsiva", implícita o explícitamente, te tratarán como tal. Esta actitud no deja mucho espacio para la negociación. ¿Cómo sostener una buena relación con quien te considera desleal y pone en duda tu solvencia ético/moral a cada instante?

Las personas que han estado afectivamente solas por mucho tiempo y finalmente encuentran una pareja que vale la pena saben que una de las mayores satisfacciones es sentir *que ahora son dos para transitar la vida*. La reconfortante y bella idea del compañero o compañera no parece existir en el sujeto paranoico. Su visión en túnel no le permite procesar el amor y la amistad que su pareja le ofrece. No hay compinches, solo atacantes potenciales.

Debo reconocer que algunos sujetos paranoicos logran algunos cambios con ayuda profesional. Sin embargo, estas mejorías no suelen generalizarse a la vida afectiva, porque la desconfianza básica como estilo de vida es muy difícil de erradicar. Si no hay confianza, una buena relación se hace imposible. Parecería que no importa cómo la presentemos, la desconfianza injusta y no fundamentada siempre afecta al inculpado; algo se resquebraja cuando la persona que dice amarte pone en duda tu honestidad. ¿Qué negociar entonces? Depende de cada quien: de cuánto amor sientas, de tus principios y valores, de cómo concibas la relación y, sobre todo, cuánto peso le otorgas a la "confianza interpersonal". Tú decides.

CÓMO RECONOCER EL ESTILO PARANOICO ANTES DE ENAMORARSE

Los paranoicos son muy malos simuladores. Como piensan que se están jugando la vida a cada momento y que están rodeados de depredadores, nunca bajan la guardia. Permanecerán atentos al mínimo detalle, tratando de descubrir qué tan confiable es el nuevo o la nueva candidata. No es tan difícil detectarlos.

Algunas de las siguientes pautas pueden servir como guía.

» No querrá responder a preguntas relacionadas con su vida personal. Cuestiones normales, como por ejemplo, cuántas novias o novios tuvo, dónde vive, en qué trabaja y cosas por el estilo, serán percibidas negativamente. Sentirá temor a que utilicen esa información en su contra.

» Es probable que quiera destapar personalmente la bebida que vaya a tomar. De manera similar, cuando pida algo de comer estudiará atentamente la comida.

» No accederá a tener sexo en un lugar desconocido, revisará los condones con esmero y tratará de mantener una relación afectivamente distante para que no lo "descubran".

» Tratará de averiguar mucho sobre tu vida pasada buscando indicadores sospechosos.

» Estará pendiente de la actitud que asumas ante otras personas del sexo opuesto (v.g. coqueteos, miradas, insinuaciones) para evaluar si eres fiel o no. Un paciente no volvió a salir con una mujer después de la primera cita porque, según él, la mujer miró una fracción de segundo a un hombre bien parecido que entró en el restaurante donde estaban.

» Revisará la cuenta varias veces y no tomará licor para no perder el control y mantener su vigilancia.

» Tenderá a menospreciar sus logros económicos y profesionales para asegurarse de que no estás detrás de su patrimonio.

» No deberá extrañarte si a las pocas salidas te pide explicaciones por alguna tardanza y/o vacíos en la información que le suministres. Los celos y el control no tardarán en aparecer.

» Su repertorio verbal estará repleto de "porqués" tratando de entender tus motivaciones.

» En general, te sentirás como en un examen de ingreso a la KGB. Al final, tendrás un vacío y la desagradable sensación de que diste más de lo que recibiste.

CUANDO LA PERSONA PARANOICO/VIGILANTE ERES TÚ: ALGUNAS CONSIDERACIONES

Quizás tengas razón al pensar que vivimos en un mundo peligroso y debemos estar alertas. Pero creo que exageras cuando consideras que estás en un mundo "totalmente" caníbal, porque también hay gente buena. Un avance importante sería que pudieras comprender el punto de vista de los demás y aproximarte a ellos sin tantas prevenciones. No digo que bajes totalmente la guardia, al menos al principio, sino que les des a los demás una oportunidad. Estás atrapado en un círculo vicioso que funciona de la siguiente manera: si eres hostil con alguien porque anticipas que te tratará mal, pues la persona se protegerá de tu hostilidad siendo agresiva y esto confirmará tu profecía. La creencia de fondo que regula tu desconfianza se verá fortalecida una y otra vez. Por eso, te sugiero que controles tus prevenciones y veas si, en realidad, la gente es tan mala como dices. Insisto: no estás viviendo en un campo de batalla; pon a prueba tus hipótesis.

Algo similar ocurre con la infidelidad: las personas desconfiadas, al volverse acosadoras, empujan a sus parejas a caer en los brazos de alguien más sosegado y respetuoso. No puedes pensar que la persona que amas es fiel porque le has asignado un guardaespaldas o no la dejas salir ni a la esquina. Corre el riesgo. ¿No es mejor saber con quién cuentas? La fidelidad es una cuestión de decisión, de voluntad y, obviamente, de autocontrol. Mi pregunta es muy sincera: si verdaderamente sientes que no eres capaz de confiar en tu pareja, ¿por qué no la dejas en paz y te alejas?

Si miras hacia atrás, es posible que en tu pasado encuentres personas extrañas o familiares que te hayan ridiculizado, que hayan abusado de ti o vapuleado en algún sentido. Las experiencias de vergüenza, de haber tenido una familia poco confiable o padres que explotaban tus debilidades, pudieron haber creado en ti una predisposición a mantenerte alerta y desconfiar de todo el mundo. Si no respetaron tus límites físicos, sexuales o psicológicos, debido al maltrato o la humillación reiterada, tu mente se protegió a sí misma y desarrolló un estado de hipervigilancia que ahora utilizas indiscriminadamente y que te ha alejado afectivamente de tu pareja y tu familia. Les temes a las personas, crees que te lastimarán de nuevo y, por eso, montaste tu logística defensiva. Te sientes frágil. Todo esto es terrible y posiblemente explique tu comportamiento en parte. Y digo "en parte", porque según los expertos en el tema, también existen factores hereditarios y biológicos que podrían haber incidido en la conformación de tu personalidad. Mi recomendación es que busques ayuda, no importa qué tan graves sean tus síntomas. Sin duda, te beneficiarías de las nuevas tecnologías. Y esto que te digo nada tiene que ver con supuestos "lavados cerebrales" ni con la colocación de algún chip intracraneal para manipularte. Hablo de una terapia eficiente y racional que te permitirá ingresar al mundo social, amigablemente y en paz.

Te guste o no, necesitas entregarte a las buenas intenciones de alguien para realizarte como persona. Necesitas descansar en la confianza ajena para formar parte de la especie. Y con esto no quiero decir que adoptes una postura ingenua, crédula o bobalicona, sino que aprendas a discernir en quién confiar y en quién no. Nadie te pide que tengas fe en el ser humano en abstracto. Simplemente, concéntrate en las personas que conoces bien, deja que el conocimiento de los meses o los años que tienes de ellos te lleven de la mano. Si la persona que amas nunca te hizo daño, pudiendo haberlo hecho, ¿por qué no confiar? ¿Por qué no correr el riesgo y aceptar lo peor que podría pasar? No necesitas estar armado hasta los dientes para dar amor y recibirlo. Kipling, haciendo uso de un pragmatismo inteligente, decía: "Prefiero creer que los demás son mejores de lo que son: evita muchas preocupaciones".

CAPÍTULO 3

ESTILO PASIVO-AGRESIVO
EL AMOR SUBVERSIVO

En el amor se da la paradoja de que dos seres
son uno y, no obstante, siguen siendo dos.

ERIC FROMM

Siempre me he preguntado cómo habrá sido Gandhi en el papel de esposo, porque si aplicó a su relación afectiva los mismos métodos de desobediencia social que utilizó para vencer a los ingleses (¡nada más ni nada menos que a los ingleses!), me compadezco de quien fue su mujer. Estar vinculado a una persona pasivo-agresiva es tener un movimiento de resistencia civil en casa: sabotaje, insurrección (no armada, sino "amada"), lentitud desesperante, incumplimiento de los compromisos e indolencia, todo junto e impredecible. Amor ambivalente, desconcertante y conflictivo: ni tan cerca ni tan lejos, amor a media máquina, inconcluso, tardío, adormilado. Amor resentido y dependiente a la vez.

Mónica es una mujer casada con un hombre pasivo-agresivo. Está desesperada porque vive en una casa a medio terminar, ya que su marido, ingeniero y director de obra, nunca culminó el proyecto. Desde hace tres años, el hombre promete una y otra vez completar los arreglos, pero todo sigue igual. Los baños están sin inodoros, la cocina no tiene grifos, los cables y los tubos cuelgan; en fin, para Mónica es una pesadilla tener que depender de su esposo, ya que el hombre no mueve un dedo para que el lugar sea más habitable. Él argumenta que Mónica es muy fuerte y "mandona", y que no le gusta hacer las cosas por obligación. Afirma que tiene su ritmo de trabajo y que ella debe respetarlo. El marido ha cambiado dieci-siete veces de empleo en cinco años y da como razón que sus jefes no saben valorarlo. Ella ha intentado ayudarlo de todas las maneras posibles, sin buenos resultados. En una sesión resumió así su problema de pareja: "Me con-funde… En ocasiones es tierno y querido, pero en otras le veo el resentimiento en la mirada y simplemente me ignora. No sabe qué hacer conmigo, ni yo sé qué hacer con él. Una vez me dijo que si yo era menos autoritaria, él funcionaría mejor… Pero le juro que lo he intentado: no le digo nada, no le reclamo nada, y es peor… La vida sexual no es buena porque sufre de impotencia… Puede sonar raro, pero yo siento que cuando no tiene erecciones de alguna manera lo disfruta… Es como si quisiera sacar-me de casillas y castigarme… La semana pasada no pagó a tiempo la factura y nos cortaron la luz. Cuando le pre-gunté qué había pasado, me dijo con toda la tranquilidad del mundo que no había tenido tiempo… ¡Es insoporta-ble vivir con una persona así, tan insegura, tan insensible y poco confiable! He pensando en dejarlo, pero en cuanto se lo sugiero, llora como un niño, me pide perdón y anda bien una semana, pero después vuelve a lo mismo".

¿Cómo sobrevivir a semejante vaivén y agresión encubierta? Nada justifica la tortura emocional. El esposo de Mónica juega dos papeles opuestos a la vez: depende de ella y se resiste a ella. La pregunta que surge es evidente: ¿es posible tener una convivencia apacible con alguien que te necesita y te rechaza al mismo tiempo?

El conflicto con la autoridad, real o percibida, es una de las características principales del amor subversivo. Una paciente con características pasivo-agresivas tenía por costumbre llevarle la contraria a su madre porque, según ella, era una mujer autoritaria. El día que mi paciente se graduó de medicina, después de once años de estudio, la familia organizó una reunión para festejar el acontecimiento. Pero ocurrió algo inesperado. En cuanto llegó el primer invitado, la agasajada salió furtivamente por una ventana y se fue a un parque a tomar cerveza toda la noche. La policía la encontró al otro día dormida bajo un árbol. Cuando le preguntaron por qué había hecho semejante desplante, se limitó a contestar: "¡No entiendo a qué viene tanto escándalo por querer tomarme unas cervezas!".

La conducta huidiza, evasiva y provocadora de los sujetos pasivo-agresivos va transformando el amor en irritación y frustración crecientes. Ames cuanto ames, el sujeto pasivo-agresivo será un conspirador de la relación e incapaz de renunciar a ella.

LA INSOPORTABLE TRANQUILIDAD DEL SER AMADO

Una cosa es ser tranquilo, no dejarse llevar por la impulsividad ni la ansiedad y sentirse en paz con uno mismo y, otra muy distinta, hacer del letargo y la displicencia una forma de vivir. Un cirujano que opera "sin prisa" es cuidadoso, pero un bombero "sin prisa" es un peligro social. Es indiscutible que necesitamos una dosis de preocupación mínima para funcionar en el mundo actual. Demasiada tranquilidad estresa, esa es la paradoja, a no ser que estemos ante un lama o un sabio, cuya paz es genuina. El pasivo-agresivo es otra cosa. Una señora que siempre había sido pacífica, casada hacía diez años con un hombre que practicaba el amor subversivo, me decía en un ataque de desesperación: "¡Quiero pegarle, doctor; déjeme, autoríceme, diga que es parte de la terapia, mi sueño es darle duro!". Ciertas formas de tranquilidad, sobre todo las que se convierten en un instrumento de lucha o de venganza, son especialmente dolorosas y generan altas dosis de agresión. Los que tienen novias, novios, amigas, amigos, amantes, esposas o esposos que funcionan en cámara lenta y en dirección contraria a las agujas del reloj saben a qué me refiero.

La inaceptable propuesta afectiva del estilo pasivo-agresivo se genera en tres actitudes especialmente dañinas: "Tu proximidad afectiva me aprisiona, tu lejanía me genera inseguridad" (*ambivalencia interpersonal*), "Debo oponerme a tu amor, sin perderte" (*sabotaje afectivo*) y "Aunque nos amemos, todo irá de mal en peor" (*pesimismo contagioso*).

"Tu amor me aprisiona, tu lejanía me genera inseguridad"

Cuentan que un burro tenía mucha hambre, pues hacía varios días que no ingería alimentos. Alguien, afligido por el sufrimiento del pobre animal, le llevó un apetitoso fardo de heno y otro de alfalfa, igualmente tentador. Colocó uno a cada lado del animal y se retiró para que el burro se diera el gran festín. Al cabo de un tiempo volvió con dos nuevos fardos y se encontró con una verdadera sorpresa: el heno y la alfalfa estaban intactos y el burro yacía sin vida entre ambos: ¡Había muerto de hambre! No fue capaz de escoger. Este relato, conocido como *La paradoja del burro de Ballam,* muestra claramente una de las respuestas más comunes frente a dilemas importantes: la inmovilización.

Las personas pasivo-agresivas se debaten en una *ambivalencia interpersonal* angustiante: necesitan tener una figura de autoridad/protección (v.g. la pareja), ya que se ven a sí mismos como débiles y faltos de soporte, pero al mismo tiempo necesitan sentirse libres e independientes de cualquier tipo de "control" (v.g. la pareja). El amor se convierte para ellas en un problema de doble vía: si me das afecto, malo ("Me asfixia") y si no me lo das, también ("No soporto la soledad"). Ni contigo ni sin ti. Para colmo, el juego de acercarse y alejarse de la pareja de manera intermitente depende de su estado de ánimo. No hay por dónde ni con quién. ¿Cómo amar a alguien así y mantener la cordura?

Si eres de las personas que se mueven al compás de su pareja pasivo-agresiva, tratando de satisfacerla, no te hagas ilusiones: no podrás seguirle el ritmo. Una paciente liberada de este yugo me decía: "De tanto intentar darle gusto y no poder satisfacerlo, hubo un tiempo en que creía que la del problema era yo... Me decía una y otra vez: '¿Qué hago mal? ¿Por qué no soy capaz de satisfacer a este hombre?'... Y después entendí que nadie podía darle la medida, absolutamente nadie… Se necesitaría alguien con doble personalidad y yo a duras penas tengo una". Todos merecemos tener una pareja que, sin ser un dechado de virtudes, tenga claro si nos quiere o no, y establezca un balance entre los compromisos y la autonomía.

"Debo oponerme a tu amor, sin perderte"

¿Qué estrategia utiliza entonces la persona pasivo-agresiva para tratar de resolver el conflicto mencionado? Quedarse a mitad de camino y apelar a la ley del mínimo esfuerzo. Más concretamente: la táctica consiste en hacer uso de las ventajas que le brinda la pareja (v.g. seguridad, protección) sin asumir ningún compromiso ni incomodarse. Aceptar al otro a regañadientes y recordárselo cada vez que pueda. De ahí surgen los comportamientos oposicionistas, el sabotaje y la resistencia: "Te acepto *a medias*, porque no quiero perderte *del todo*".

La protesta pasivo-agresiva no es amigable; es una propuesta tortuosa y dañina para quienes la padecen. El amor es visto como un mal necesario al cual hay que torpedear, pero no eliminar. En esencia, los olvidos, las llegadas tarde, los trabajos mal hechos y cosas por el estilo configuran una forma de terrorismo afectivo y psicológico dirigido a perturbar el orden establecido. La premisa de la que parten es inmanejable: el amor es coercitivo y por lo tanto hay que subvertirlo.

El sabotaje suele estar acompañado de excusas y altas dosis de cinismo que van desesperando cada vez más a las víctimas. Un paciente casado con una mujer pasivo-agresiva relataba así las relaciones sexuales que mantenía con ella: "Se queda quieta como una muerta, a duras penas me besa… Yo soy el que toma siempre la iniciativa, el que la desviste y tiene que hacer de todo para que se excite, y casi nunca reacciona a lo que le hago… Por lo general, termino masturbándome y ella se limita a mirarme… Cuando le pido que me ayude, dice que parezco un desaforado sexual y me abraza con desdén… Una vez, esto es para no creer, en pleno acto sexual, prendió un cigarrillo y comenzó a fumar, ¡imagínese! Ya aceptó ir donde un sexólogo, pero de tres citas, solo fue a una y llegó media hora tarde… Mire, doctor, es tanto su cinismo o su estupidez, ya no sé qué pensar, que cuando finalmente logro eyacular, me pregunta: '¿Te gustó?'".

Las actitudes de resistencia afectivo/psicológicas terminan creando un círculo vicioso y fortaleciendo las creencias que impulsan al pasivo-agresivo. Veamos un ejemplo de autoperpetuación:

El papá debía ir por los niños al colegio a una hora determinada y no fue. Del colegio llaman a la madre y ella corre a buscarlos. Cuando el hombre llega a la casa más tarde, la mujer lo increpa y lo regaña por haber "abandonado a los niños". Él responde que no le parece tan grave la cosa, lo que hace que la mujer se ofusque más. El hombre le echa en cara su actitud persecutoria y déspota. Ella le pide alguna aclaración por el "olvido", pero él deja de hablarle. La señora trata de tranquilizarse, baja sus revoluciones y le pide que dialoguen. Él sale a la calle sin decir palabra y vuelve al amanecer. Ella exige explicaciones y el marido le echa en cara que es igual de mandona que su madre. En resumidas cuentas, él termina confirmando la creencia de base que justifica su resistencia pasiva: "Mi mujer es una controladora y me quiere dominar", mientras la esposa va perdiendo el amor, gota a gota.

Debemos reconocer que la actitud pasivo-agresiva es útil en ciertas relaciones de dominancia/sumisión, donde hay que dejar sentado un desacuerdo a favor de los derechos humanos y, a la vez, evitar sanciones. Por ejemplo, es muy común que en el ejército algunos reclutas utilicen comportamientos pasivo-agresivos ante la presión de un superior de carácter duro o que algunos estudiantes hagan uso de la desobediencia escolar ante profesores especialmente autoritarios e impositivos. Sin embargo, a no ser que la pareja sea una fiel representante de la ss, el diálogo directo y franco es la mejor alternativa.

"Aunque nos amemos, todo irá de mal en peor"

Quizás una de las características más insoportables del pasivo-agresivo sea su habilidad para ponerle al buen tiempo mala cara y crear un estilo *pesimista contagioso*. Como pájaros de mal agüero, viven en un holocausto imaginado. Su máxima es como sigue: "Lo peor está por venir". Un señor se refería de la siguiente manera a su pareja indolente/pesimista: "Podemos estar en el mejor lugar del mundo, en el día más esplendoroso, frente a un paisaje maravilloso, y ella siempre identifica algún aspecto negativo. Es como si le gustara amargarme los buenos momentos. Últimamente le dio por acordarse de nuestras viejas rencillas… Es matemático; cada vez que estamos en una aproximación amorosa, trae a colación peleas que yo ya ni recuerdo". Los individuos pasivo-agresivos poseen el don de desanimar a los demás y llevarlos al límite de la desesperanza. ¿Existe alguna forma de soportar la cantaleta pesimista del pasivo-agresivo y salir indemne? Conozco tres: entrar en una fase autista, convertirse en un Buda o salir corriendo.

En cierta ocasión le pregunté a una señora, en su primera sesión, por qué creía que estaba deprimida. La respuesta fue: "Mi marido me convenció de que la vida es una porquería...". Su compañero era un pasivo-agresivo típico que desde hacía quince años regaba su dosis diaria de veneno. Mi trabajo con la mujer consistió en brindarle apoyo psicológico, tratando de equilibrar y compensar en ella el efecto que producía el sesgo pesimista de su esposo. Al año se separó y, hoy, aunque no tiene pareja, la depresión quedó afortunadamente atrás. La personalidad pasivo-agresiva hace una apología a la mala suerte y ve cualquier manifestación de optimismo del otro como un objetivo militar que debe ser aplastado.

¿Por qué nos enganchamos en una relación pasivo-agresiva? El ángel de la inmadurez

Algunas personas se sienten atraídas por el estilo pasivo-agresivo. Y no se debe a un masoquismo amoroso o a una jugada perversa del inconsciente, sino a esquemas compensatorios que tratan de equilibrar antiguos problemas no resueltos. Esta conexión altamente peligrosa ocurre entre dos rasgos típicos del estilo pasivo-agresivo (*fragilidad/inseguridad* y *tranquilidad/dejadez*) y dos estilos que las potenciales víctimas desarrollaron en su vida (*proteccionismo* y *despreocupación/comodidad*). Estos vínculos disfuncionales pueden representarse de la siguiente manera:

A.

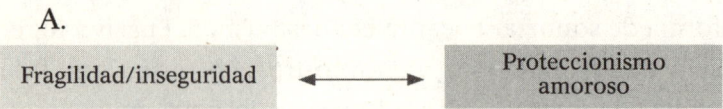

Para una persona proteccionista con fuerte impulso maternal o paternal, la fragilidad del sujeto pasivo-agresivo y su disponibilidad a ser atendido y protegido resulta ser especialmente atractiva.

B.

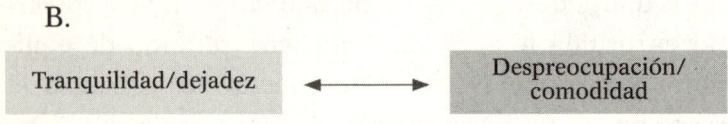

Para alguien perezoso que no soporta demasiado la responsabilidad de tener una relación, la faceta de tranquilidad/dejadez que presenta la personalidad pasivo-agresiva resulta ser la más feliz de las coincidencias.

Entonces podemos definir dos esquemas principales que inducen a las personas a caer en las trampas pasivo-agresivas: *proteccionismo amoroso* y *despreocupación/ comodidad*. Si posees cualquiera de las siguientes vulnerabilidades disfuncionales es mejor que te mantengas en alerta roja, porque el amor subversivo podría encontrar allí un terreno fértil para instalarse y echar raíces: "Necesito que me necesiten" y "Necesito que mi pareja no me exija nada".

Proteccionismo amoroso: *"Necesito que me necesiten"*

Existen dos creencias que obran como un impulso irrefrenable en este tipo de personas: "La ternura excita" y "La fragilidad me produce ternura". La conclusión es definitivamente contraproducente: "La debilidad del otro me atrae y me seduce". Y no hablo de dar amor sanamente, sino de la tendencia a convertirse en cuidadores crónicos. Los sujetos pasivo-agresivos muestran esa faceta de desprotección/indefensión que, sin ser constante, es suficiente para que los "papás" y las "mamás" de turno se sientan conmovidos. Un paciente que era médico describía así su primera impresión cuando conoció a la que sería luego su esposa: "Cuando la conocí por primera vez sentí un irrefrenable impulso de socorrerla. Eso se confirmó cuando tuve la oportunidad de conocerla mejor… Al mes, ya estaba haciéndome cargo de sus problemas y manejando su vida, que era un cúmulo de cosas sin terminar. Me sentía obligado y feliz de completar lo incompleto o mejorar lo que ella había hecho mal. Era una forma distinta de poseerla… Hoy, todo esto se ha convertido en una pesadilla para mí; es como si hubiera adoptado una hija. Cuanto más la ayudo, más problemas le surgen y la verdad es que estoy agotado… Me recuerda una película que vi hace tiempo acerca de un monstruo con varias cabezas que, cuando le cortaban una, le nacían otras…". Esta analogía del monstruo que renace de su destrucción cada vez con más fuerza, una especie de Terminator psicoafectivo, representa bastante bien la sensación desagradable que suelen tener las parejas de los pasivo-agresivos. La esposa de mi paciente era una profesional destacada en el área financiera y trabajaba en una importante empresa del sector, pero cuando estaba con su marido entraba en un estado de inutilidad crónica intolerable… ¿El hombre fue víctima de su propio invento? Solo en parte, porque ya existía en ella esa disposición. Lo que hizo mi paciente fue afinar el sistema y echarlo a rodar.

Si posees el esquema de proteccionismo afectivo, vale la pena revisarlo. No necesitas una pareja que adopte el rol de hijo o hija, ni unirte a otro a partir de sus debilidades. Además, desde un punto de vista pragmático, ¿para qué quieres una persona que "no puede vivir sin ti, pero te martiriza"? Las personas proteccionistas esconden un sentido de responsabilidad desproporcionado y una idea de culpa. Si no cambias esa manera de relacionarte con los demás, los individuos pasivo-agresivos seguirán ejerciendo sobre ti una atracción difícil de controlar: *serás un adicto o una adicta a la debilidad ajena.* El esquema de proteccionismo amoroso podría asimilarse claramente al concepto de codependencia, donde el amor se pierde en la compulsión de querer ayudar y secundar al otro a cualquier precio. Pero si ser codependiente ya es una cuestión que te amargará la vida, ¡cómo será serlo de alguien pasivo-agresivo! "¡No solo debo cuidarte, sino convencerte de que me dejes hacerlo!". ¿Habrá mayor necedad?

Despreocupación/comodidad: *"Necesito que mi pareja no me exija nada"*

El esquema de *despreocupación/comodidad* amorosa se caracteriza por cierta indolencia hacia la pareja y un mínimo espíritu de sacrificio. Se fundamenta en la creencia irracional de que las relaciones afectivas no requieren de ninguna o muy poca obligación. La premisa infantil y cómoda es como sigue: "Quiero sostener una relación sin esfuerzo y sin complicaciones de ningún tipo".

Al comienzo de la conquista, la "defensa de la independencia" y el conformismo del pasivo-agresivo pueden llegar a ser muy atractivos para alguien con un esquema de despreocupación/comodidad (sobre todo, porque las motivaciones son similares). Sin embargo, con el tiempo, la persona pasivo-agresiva empezará a exigir protección y cuidados especiales, lo cual hará que el encantador "dejar hacer" inicial (lo que indujo y mantuvo la unión afectiva) se desvanezca como por arte de magia. De príncipe a sapo: el sinsabor de un encantamiento al revés.

Un adolescente, cuya motivación era liberarse del yugo de su casa y del mundo, me hablaba de su nueva conquista: "Esta mujer está hecha para mí; es fresca y no le importa nada... La pasamos súper, todo le da igual y no se mete con nadie... Es como yo, no hace nada que no quiera hacer. Me encanta la independencia que maneja, aunque tiene problemas con sus padres porque es muy mala estudiante y les lleva la contra en todo... Nos parecemos mucho y hay una buena sintonía...". Mentes líquidas, vidas líquidas, amor líquido, diría el sociólogo Sigmund Bauman. Todo se evapora en un instante cuando el amor no posee algunos soportes sólidos que lo determinen. ¿Cuáles? Un compromiso inteligente y balanceado, incluir al otro sin autoritarismo y sin bombas incendiarias.

¿PODEMOS RELACIONARNOS SALUDABLEMENTE CON UNA PERSONA PASIVO-AGRESIVA?

Para estar con una pareja pasivo-agresiva se necesita mucha paciencia y vocación de servicio, porque la reacción natural que genera el amor subversivo es ira, impotencia y pérdida de control. Tendrás que aprender a moverte entre los extremos de un conflicto no resuelto y acoplarte a una "aproximación lejana" y un "alejamiento cercano". La palabra clave es: indefinición. Un día podrá estar cerca de ti, añorando la independencia, y otro día se mostrará distante, demandando la seguridad que le brindas. Sentirás que a veces te necesita y otras te rechaza. A veces dirá que eres una persona intrusa, exigente, entrometida, controladora o dominante, y otras, te evaluará como alguien capaz de dar aceptación, aprobación y cuidados. Libre y no libre, apegado y no apegado, ¿cómo soportar este ajetreo y seguir amando?

Estrategias de supervivencia afectiva

Ante semejante panorama, las personas recurren a dos formas básicas de afrontamiento: ser cuidadores condescendientes y adoptar al otro, o iniciar un movimiento contrainsurgente. En la primera, la estrategia es claramente masoquista o inspirada en algún tipo de entrega espiritual, y en la segunda, a favor de la guerra: rebelarse contra la rebeldía y reprimir la asonada. Veamos cada una en detalle y sus consecuencias.

Tomar en adopción al pasivo-agresivo y soportar su ambivalencia afectiva

Para seguir esta estrategia, hay que asumir la relación como un noviciado o una misión de carácter casi religioso. Adoptar a la pareja y dedicar la vida a complacerla, sabiendo que nunca quedará satisfecha. La meta estará sustentada en un altruismo radical: buscar la felicidad del otro, a costa de la propia (no importa qué haga o qué diga). Los comportamientos más representativos de esta actitud son:

» Aceptar al pasivo-agresivo como es, sin intentar cambiarlo, porque si se sugiere algún cambio, la resistencia se incrementará geométricamente.

» Tratar de ver solo lo positivo e ignorar lo malo, al ritmo que el otro sugiera.

» Acoplarse a la pasividad de tu pareja y bajar los estándares personales de rendimiento, como una forma de complementarse.

» Estar dispuesto o dispuesta a cualquier tipo de sacrificio.

» No esperar nada a cambio.

» Dar todas las explicaciones que el pasivo-agresivo requiera para justificar cada comportamiento o pensamiento personal.

» Estar siempre disponible para sus reclamos y necesidades.

» Tener claro que la agresión encubierta es su forma de expresarse.

» Es mejor darles gusto en todo para evitar enfados, pataletas o actos de sabotaje.

Adaptación total y sin condiciones. Si lo haces, el pasivo-agresivo podrá moverse a su conveniencia entre los polos de su ambivalencia afectiva. ¿Lo harías por amor? ¿Te acoplarías a él o a ella en los puntos propuestos? Esta posición de línea blanda tiene un costo inevitable: *tu fuerza interior se irá quebrando lentamente.* Algún día querrás algo de paz y amor a cambio, y ver que tu pareja madure y sea predecible. Estas expectativas estarán latentes y recorriendo tu inconsciente de lado a lado, creando violencia interior y malestar a medida que el tiempo pase, así no te des cuenta.

Iniciar un movimiento contrainsurgente y exigir una relación madura del pasivo-agresivo

Los que eligen esta estrategia de línea dura no están dispuestos a dejarse manipular por la ambivalencia del amor subversivo y exigirán una solución al conflicto de base y a los problemas de la vida cotidiana. Aunque la posición fuerte apunta a construir una relación honesta y democrática, la consecuencia inicial será que el pasivo-agresivo incremente sus actos subversivos y sus tácticas perturbadoras; el amor será cada día más opositor y podría llevar a una ruptura definitiva. La estructura mental del pasivo-agresivo confunde la conducta normal de defender los derechos o decir "no" con la imposición y el autoritarismo. Por lo tanto, tu estrategia contrainsurgente será interpretada como una confirmación de que eres un ser despótico y absolutista.

Si la estrategia llegara a ser exitosa, podrían pasar dos cosas: que gracias al miedo a perderte acepte una ayuda psicológica o que predomine su deseo de libertad y se retire con indignación a buscar alguien menos "controlador" y "problemático". En el primer caso, estaría bajo la lupa de un profesional y en el segundo, te habrás ganado la lotería.

Los siguientes son algunos de los comportamientos que definen esta actitud:

» No desgastarse en convencer al otro de cosas obvias. Con seguridad, tu pareja pasivo-agresiva comprende perfectamente tus razones; lo que pasa es que "no quiere" hacerlo. El diálogo debe surgir como una forma natural de acercamiento.

» No delegar en la pareja actividades que uno pueda llevar a cabo por sí mismo. ¿Por qué todavía esperas la resurrección del ser amado? Lázaro no se levantará de su tumba ni la princesa despertará gracias a un beso enamorado. Ya sabes como es él o ella, así que hazte cargo de tu persona. Puede que te cueste más tiempo y esfuerzo, pero, al menos, no estarás rogando ayuda y veracidad. *Out*. ¡No va más!

» No responder a las provocaciones típicas pasivo-agresivas, como la lentitud, el incumplimiento o la inculpación. Cuando el estilo subversivo se manifieste, ignóralo, aplica la extinción, déjalo que no encuentre adversario. La meta es que no te afecten sus estrategias y que tu pareja se dé cuenta de ello.

» Es mejor no estar en el juego de la doble ambivalencia del pasivo-agresivo. ¿Crees que alguien aguantaría semejante confusión sin estresarse? Deja que él o ella se haga cargo de su conflicto.

» Intenta que acepte una terapia dirigida a modificar su personalidad disfuncional. Ojo: no estoy diciendo que sea una condición para seguir, sino una actitud benevolente de inducir a alguien a mejorar su salud mental.

» La mejor manera de afrontar a un pasivo-agresivo es la asertividad: defender los propios derechos sin violar los ajenos (en mi libro *Cuestión de dignidad* explico esto en profundidad). No caer en la trampa de las actitudes indirectas y saboteadoras, sino actuar de frente, tranquilamente y con honestidad, así el problema se incremente.

No te sientas el padre o la madre de tu pareja; deja que crezca. No asumas tú la culpa por los errores de él o ella; trátala como un ser adulto, así haga berrinches.

¿Eres capaz de elegir la línea dura y asumir los costos mencionados arriba? Esta estrategia no es "cruel"; solo busca una relación más normal y saludable. No olvides que el pasivo-agresivo tiene más de un misil psicológico apuntando a tu cabeza. Si prefieres, puedes acompañar los comportamientos mencionados con una explicación amigable y tierna, pero el efecto será el mismo: tu liberación será su tragedia porque perderá el control y la protección. Dicho de otra forma, si decides quitarte la culpa inútil de encima y despejar tu futuro, el pasivo-agresivo entrará irremediablemente en crisis. Extraña paradoja: tu felicidad será su tristeza.

¿Hasta dónde negociar?

No conozco ninguna persona en pareja con un pasivo-agresivo que viva relativamente feliz. No importa que el caso sea severo, moderado o leve; la esencia conflictiva que determina los actos subversivos estará presente. La dinámica interna será la misma y sus parejas, en mayor o menor grado, sufrirán de manera considerable. Vivir inmersos en un conflicto ajeno, no poder contar con la pareja cuando la necesitamos, que nos "amen" con resentimiento y sentirnos blanco de ataques soterrados no puede ser negociable si queremos salvar nuestra salud mental.

Si la contradicción fundamental del pasivo-agresivo (libertad vs. protección) se mantiene viva, no habrá acuerdo posible. ¿Cómo amar sanamente a quien te considera un obstáculo en su vida? Un hombre pasivo-agresivo, después de muchas sesiones y en plena consulta, logró expresarle a su mujer lo que honestamente sentía por ella. Esto fue lo que dijo: "Amarte, para mí, es un problema; si no te amara, me sentiría mejor, pero te quiero y no puedo hacer nada para remediarlo". Amor de lamento y con sabor a derrota: "La desgracia de quererte". ¿Habrá una peor declaración de amor? La mujer no supo qué hacer ni qué decir, pero su pensamiento fue benévolo y esperanzador: "Al menos todavía me ama; quizás haya posibilidades". Solo procesó parte de la afirmación: aquello que quería y necesitaba oír para no hundirse en la depresión. Pero, ¿cómo negociar el desprecio, la exigencia, las pataletas, el rencor y el negativismo del día a día? ¿Cómo abrazar la inmadurez del otro sin trastornarse? El estilo pasivo-agresivo no admite puntos medios; por eso vive en los extremos y su dicotomía es inaceptable. No puedes ser a la vez estorbo y sostén de tu pareja. De acuerdo con mi experiencia clínica, la única opción viable para intentar aquí una aproximación saludable es recurrir a la ayuda profesional y resolver el conflicto atracción-repulsión que define la estructura psicológica del pasivo-agresivo. Algunos lo intentan, otros se separan y unos pocos se resignan. Tú decides.

Cómo reconocer un estilo pasivo-agresivo antes de enamorarse

Si prestas la atención suficiente, podrás desenmascarar al sujeto pasivo-agresivo. No es fácil "disimular" un estilo oposicionista; basta con mostrarte un poco dominante para que el antagonismo se haga presente. La resistencia pasiva, la indolencia/lentitud, las agresiones encubiertas, la falta de cooperación y la postergación crónica aparecerán como carteles luminosos si tocas el botón adecuado. Llévale la contraria durante las primeras citas, trata de imponer tu punto de vista y cuestionar alguna de sus actitudes, todo amablemente. No te estoy sugiriendo que hagas de esto una obsesión y empieces a ver síntomas donde no los hay; simplemente, debes tener clara cuál es la constelación de pensamientos y comportamientos que los caracteriza e intentar descifrar el juego antes de que se te ablande el corazón. Algunas de las siguientes pautas te permitirán reconocer a una persona pasivo-agresiva a tiempo:

» Proponen más de lo que hacen. Toman la iniciativa y se arrepienten luego.

» Si entras por el lado de su debilidad, en un santiamén te encontrarás haciéndoles favores de todo tipo.

» Son especialmente incumplidos (v.g. no contestan las llamadas, llegan tarde, no llegan a las citas). Siempre pedirán excusas y volverán a reincidir.

» Piden favores, pero no los hacen.

» No le va a gustar que seas tú quien maneje la situación, pero tampoco lo hará ella o él. Será común entrar en una situación de punto muerto.

» La relación rápidamente entrará en un "estire y afloje". Si no llamas, aparecerá con ahínco renovado, y cuando muestres interés, se alejará nuevamente.

» No hará nada que no quiera hacer y esto no es producto de la lucidez del sabio, sino la cruda demostración de una mente "llevada de su parecer".

» Con los demás tendrá fama de no cumplir sus compromisos.
» Sus apreciaciones sobre determinadas personas o situaciones podrán ser muy duras, destructivas o negativas.

Cuando la persona pasivo-agresiva eres tú: algunas consideraciones

Como pudiste concluir de la lectura del capítulo, mientras tu personalidad siga siendo pasivo-agresiva serás una persona afectivamente difícil. Para poder complacerte, tu pareja debería acoplarse a tu ambivalencia y marchar al ritmo de tus contradicciones. Sin embargo, sabes muy bien que no importa lo que haga, siempre estará condenada: si es cariñosa, interpretarás ese cariño como limitante, y si es independiente, la odiarás porque te priva de la protección que necesitas.

Tienes un serio problema con los modelos de autoridad, cuyo origen podría explicarse por algunas malas experiencias tempranas. Por ejemplo:

» Padres erráticos, inconsistentes e indescifrables en el afecto, que produjeron en ti una ambigüedad interior y te hicieron perder la confianza básica que necesita cualquier niño para enfrentar el mundo.
» Haber recibido información contradictoria de padres que te mostraban una cosa y decían otra, lo que te obligó a manejar una estrategia de acercamiento/evitación para adaptarte a sus estados de ánimo.
» Rivalidad con tus hermanos y hermanas, en el sentido de que la llegada de un nuevo miembro a la familia

pudo haber generado un cambio brusco de los sentimientos de seguridad que tenías hacia tus padres.

» Haber sido víctima de alguna figura de autoridad que
te explotaba o restringía, a la cual amabas.

Es importante no confundir autoridad con autoritarismo. Fromm hacía una diferenciación interesante entre
autoridad racional (legítima, genuina) y autoridad irracional (autoritarismo). Respecto de la primera decía: "La
autoridad racional no solamente permite sino que requiere de constantes escrutinios y críticas por parte de los individuos a ella sujetos; es siempre de carácter temporal
y la aceptación depende de su funcionamiento". Sobre
el despotismo de la autoridad irracional afirmaba: "Tal
sistema no se basa en la razón y en la sabiduría, sino en
el temor a la autoridad y en el sentimiento de debilidad
y dependencia del sujeto". Así que una cosa es el control
insolente, la dominación y el abuso del poder, y otra muy
distinta, emitir opiniones sustentadas, ser asertivo, tomar
la iniciativa pensando en el bien de la pareja o liderar un
proceso útil para la familia. Todo puede ser consensuado,
hasta los desacuerdos, si se hacen amigablemente. Pero si
acaso tuvieras razón y la persona que amas es alguien con
delirios dictatoriales o déspota, ¿no sería mejor alejarse a
estar anclado de mala gana a una relación?

No es fácil seguirte en el amor. No es que no seas
querible, lo difícil es soportar tu falta de determinación,
tu inmadurez, tu ambigüedad. Debes tener presente que
el cansancio mata el amor, y el malestar que hoy le pro-
duces a tu pareja terminará afectándote. Es claro que
necesitas ayuda profesional; suspende tus tácticas subversivas, que no parecen ser las más convenientes para

nadie, y déjate aconsejar. Ningún profesional te llevará a negociar con tus principios ni a someterte al control del otro. Lo que hará es enseñarte a discriminar cuándo se justifica oponerse y cuándo no, dónde está el autoritario y dónde está el amigo. Aprenderás a ser asertivo y a expresar tus emociones y pensamientos de una manera adecuada. Y, entonces, no te hará falta el terrorismo afectivo, porque ya no estarás fluctuando entre el deseo del apego y el miedo al abuso.

CAPÍTULO 4

ESTILO NARCISISTA-EGOCÉNTRICO
EL AMOR EGOÍSTA

Un egoísta es aquel que se empeña en hablarte de sí mismo,
cuando tú te estás muriendo de ganas de hablarle de ti.

JEAN COCTEAU

Si eres la pareja de un narcisista, te sentirás como un satélite afectivo. El ego funciona como un astro rey o una estrella fulgurante en las relaciones interpersonales: ocupa la posición central, enceguece y, si te acercas demasiado, te pulveriza. La personas narcisistas se consideran a sí mismas especiales y únicas, grandiosas e imbuidas de un toque casi celestial, mientras perciben a los demás como inferiores, vasallos o simples partidarios.

Juanita era una mujer de 32 años, bastante tímida, físicamente atractiva y de una familia económicamente acomodada. Desde hacía seis años era novia de un hombre narcisista y debido al desgaste emocional que implicaba mantener a flote la relación, comenzó a frecuentar mi consulta. En el último año había perdido autoestima, los sentimientos de soledad eran cada vez más marcados y comenzó a manifestar síntomas de depresión. Su rendimiento laboral se encontraba disminuido, al igual que su autoeficacia. De alguna manera, la exigencia de un amor complicado de manejar hizo que su sistema inmune perdiera fuerza y saltaba de una enfermedad a otra, ninguna grave, afortunadamente. Su piel se veía resquebrajada, su pelo sin vida y su mirada dejaba traslucir esa expresión inconfundible de la desesperanza. Era como un pequeño árbol que había empezado a secarse. Aunque en las primeras consultas le costó hablar de su relación afectiva, un día tomó confianza y pudo comunicar lo que tanto le preocupaba: "Estoy agotada de dar y no recibir nada a cambio. Es imposible amar a alguien que se cree el centro del universo... Me cansé de halagarlo, de menospreciarme para que él se sienta grande e importante, me cansé de ser exhibida como un trofeo. Ya no aguanto su necesidad de estatus y poder. Yo soy más sencilla... Sexualmente no me siento bien, aunque él hace alarde y le cuenta a todo el mundo que somos grandes amantes, pero realmente no pasamos de masturbarnos juntos; a decir verdad, jamás he tenido un orgasmo con él... Me siento descentrada, como un satélite que gira alrededor del Sol... Creo que nunca me ha dicho que me ama. He intentado dejarlo y no soy capaz. Creo que me acostumbré a que él sea más que yo, a ser su sombra...".

A la sombra de Dios. ¿Cómo amar saludablemente a quien vive enamorado de sí mismo? No queda espacio para uno. Querer a una persona egocéntrica siempre llevará implícito un tercero en discordia incrustado en el ser amado: la soberbia. La paradoja es como sigue: *cuanto más ames a un narcisista, más estarás alimentando su sentimiento de grandiosidad y más se alejará de ti.*

Un señor casado con una mujer narcisista me decía, entre resignado e irónico: "Usted me pregunta si ella me es fiel, pues no sé qué decirle... En el sentido tradicional del término, sí... Pero si lo vemos desde otro punto de vista, ella me engaña con ella misma... Cuánto más afecto le doy, más difícil se hace la relación, más importante se siente...".

Juanita amaba a un rey sin reino, a alguien que se sentía por encima del promedio. Y si ya es difícil aguantar el propio ego, cómo será tener que soportar la carga de uno ajeno para que la pareja funcione. Pretender que la egolatría nos abra un lugar para sentirnos amados y arropados es imposible, y cuando se intenta, la consecuencia puede ser tragicómica. Un paciente narcisista, luego de varias sesiones, decidió ser más expresivo con su esposa (una Juanita elevada a la quinta potencia). Llegó a su casa con un ramo de rosas, le sirvió un trago (nunca lo había hecho antes), la tomo de la mano "cariñosamente" (tampoco lo había hecho en quince años de matrimonio) y le dijo desde lo más profundo de su ser: "Te amo de verdad, porque me admiras". El festejo se vino al suelo en un instante, con la insatisfacción evidente de su señora esposa y la recomendación enfática de que cambiara de psicólogo.

La odisea de amar a una persona narcisista

Nadie niega que la autoestima sea uno de los factores más importantes para crear bienestar e inmunidad psicológica. En algunas de mis publicaciones he enfatizado este tema: quererse a sí mismo es imprescindible para crecer como ser humano. Más aún, podríamos decir que la vida en todas sus manifestaciones, tal como afirmaba Spinosa, busca perseverar en su ser y conservar la existencia a como dé lugar. Cuidar del "yo" y mantener una identidad no fragmentada, es signo de salud mental, y por el contrario, la renuncia a uno mismo es síntoma de enajenación. La especie hubiera desaparecido sin el instinto de conservación; no en vano, el cristianismo y otras religiones proponen que el punto de partida del altruismo y la compasión sea el "yo". Cuando se afirma que hay que "amar al prójimo *como a sí mismo*", se está aceptando explícitamente la importancia del amor propio.

En el caso del narcisismo, la cuestión toma otro rumbo y este impulso de vida se convierte en autoexaltación, egolatría y egocentrismo ("Soy único", "Me idolatro" y "Soy el centro del universo"). En el estilo narcisista, el gen egoísta llega a su máxima expresión y se manifiesta sin tapujos y descomedidamente. Es el lado antipático de la autoestima, su cara oscura, la desproporción del yo. La autoestima adaptativa y virtuosa se ubica entre la presunción insoportable y la minusvalía. El engreído destruye la condición humana por exceso ("Eres menos que yo, no estás a mi altura") y el que no se quiere a sí mismo lo hace por defecto ("No valgo la pena, me avergüenzo de lo que soy").

La inaceptable propuesta amorosa del narcisista gira alrededor de tres actitudes irracionales: "Mis necesidades son más importantes que las tuyas" (*menosprecio afectivo*), "¡Qué suerte tienes de que yo sea tu pareja!" (*grandiosidad/superioridad*) y "Si me criticas, no me amas" (*hipersensibilidad a la crítica*).

"Mis necesidades son más importantes que las tuyas"

El narcisista no puede abarcar al prójimo porque vive enfrascado en sus propias necesidades y sentimientos. Al ser egocéntrico, no sabe descentrarse, o no quiere; de ahí su distanciamiento. Y no me refiero a los brotes naturales de petulancia que todos manifestamos alguna vez, sino a la demanda de un autoenamoramiento que le impide dedicarse a su pareja. ¿Cómo amar y ser amado si solo reconocemos al otro de manera parcial y lánguidamente? No es posible un amor pleno sin la presencia sentida del otro. En el estilo narcisista, este "desconocimiento amoroso" adopta dos formas típicas: el egoísmo y la manipulación.

Egoísmo

El narcisista suele ser abusivo y arbitrario en el manejo de los bienes comunes de la pareja, sean físicos, psicológicos o emocionales. Liliana lleva siete años de casada con un exitoso hombre de empresa y él siempre ha tenido más privilegios que ella en la pareja. Desde el menú diario hasta la vestimenta, pasando por las vacaciones, todo se organiza de acuerdo con las preferencias del señor. Por ejemplo, si ella decide comprar un par de zapatos, el hombre se fija en el precio, analiza opciones y sugiere posibilidades más económicas; pero cuando es él quien va de compras, esas consideraciones pasan a un segundo plano. Esta manera de definir los intercambios se ve reflejada en toda la relación, lo que ha hecho que Liliana busque ayuda profesional "para que su esposo tome conciencia". Sin embargo, esperar que un narcisista sea equitativo por iniciativa propia no deja de ser ingenuo. Ella sigue esperando la mutación altruista de su esposo, mientras que intenta mantener bajo control el acaparamiento de su marido para que no se aproveche de ella. Extraño amor. El hombre no es un narcisista de libro, pero posee los ingredientes básicos para hacerle la vida imposible a su mujer.

Hagamos una diferencia conceptual importante. Egoísmo no es lo mismo que egocentrismo. El primero tiene que ver con la *incapacidad de amar* a otros a causa de la codicia. El segundo está relacionado con *la incapacidad de descentrarse* y ponerse en el punto de vista ajeno, lo que hace que la gente termine siendo esclava de su propio punto de vista. Dos incapacidades distintas pero relacionadas: ambas se alimentan mutuamente y destruyen cualquier intento de amar a otro. Estar centralizado en uno mismo, de la manera que sea, implica ruptura, aislamiento, mutismo e incomprensión.

Manipulación

Una premisa que guía la conducta de los sujetos narcisistas es que el fin justifica los medios, siendo ellos mismos el *fin* y los demás, el medio. El prójimo al servicio del beneficio propio. Estos individuos se regodean en planear y poner en práctica las estrategias utilitaristas con certeza meridiana. Eligen su víctima cuidadosamente, hacen un estudio rápido sobre las ventajas que podrían obtener y luego la introducen al juego de la manipulación, ya sea por culpa, seducción, miedo o cualquier otro tipo de chantaje.

Y en relación con nuestro tema: ¿habrá alguien más fácil de manipular que un enamorado o enamorada? Si por amor hacemos cualquier cosa en condiciones normales, ¡cómo será si estamos bajo la dirección de un narcisista! Veamos un ejemplo sencillo. Pedro siempre logra que su pareja haga el trabajo sucio: limpiar baños, sacar la basura, hacer trámites engorrosos y así sucesivamente. Su principal estrategia manipuladora consiste en mostrarse débil e inspirar protección/ayuda, incluso lástima, si fuera necesario: "Estoy deprimido", "Temo que me rechacen", "Tú eres más segura que yo en esto", "Soy un inútil" o "Definitivamente no soy tan inteligente". Su esposa se ha convertido en la "mujer orquesta", a la cual Pedro recurre cuando las situaciones son incómodas para él. Si ella se "porta bien" y accede a sus pedidos, él la refuerza siendo afectuoso. Pedro no siente que esté actuando mal, sencillamente, cree que él está por encima de esas obligaciones engorrosas y que no nació para ensuciarse las manos. Está profundamente convencido de que es poseedor de una condición única que lo exime de ciertas actividades que le generan fastidio.

Las estrategias de manipulación pueden ser emocionales o materiales, sutiles o desvergonzadas, circunstanciales o permanentes. No obstante, lo que se esconde detrás de estas maniobras psicológicas es una creencia altamente destructiva para las relaciones afectivas: "Como soy superior a los demás, quieran o no, la gente está para servirme". Obtener los objetivos a cualquier costo es una máxima que la sociedad posmoderna promulga como un valor fundamental, orientando a los jóvenes a un concepto de tenacidad mal entendido. No se trata de perseverar a cualquier costo (eso, más que un "valor", es una obsesión); también hay que saber renunciar y tolerar la frustración. Y aquí radica uno de los mayores problemas de las personas narcisistas: no saben perder y, por eso, son tan peligrosas.

"¡Qué suerte tienes de que yo sea tu pareja!"

Esta aseveración no siempre se hace explícita en una relación, aunque si estamos con una pareja narcisista, la actitud de superioridad y grandiosidad se siente todo el tiempo. Puede manifestarse en una mirada de reproche por no comportarse a la "altura" de las circunstancias, en expresiones de fastidio al no recibir un trato especial o al competir solapadamente para llamar la atención; la superioridad asume infinidad de rostros, como aquellas criaturas mitológicas que les quitan el sueño a los niños.

Pero no todo lo que brilla es oro. En la mayoría de los casos, este sentimiento de grandiosidad es una forma de compensar viejos esquemas de inferioridad. Lo que ocurre es que de tanto esconderse en una arrogancia defensiva, terminan mimetizándose con ella y creyéndose especiales. Cuentan que, en cierta ocasión, la esposa del escritor Ernest Hemingway (quien era un narcisista consumado, limítrofe y bipolar, de acuerdo con diferentes autopsias psicológicas), se cortó un poco el dedo, lo que hizo que la gente le prestara más atención a ella que a él. De inmediato, el hombre explotó en furia y dejó de hablarle varios días. Nadie podía quitarle al "maestro" una pizca de su engreimiento. En una de sus obras, *Un lugar limpio y seguro*, escribió algo que podríamos relacionar claramente con la impresión de vacío y extrañeza a las cuales se refieren muchos pacientes narcisistas:

¿Qué temía? No era temor o miedo. Era una nada que él conocía demasiado bien. Todo era nada y un hombre era también nada. Algunos vivían en ella y nunca la sentían, pero él sabía que todo era nada y pues nada y nada y pues nada. Nuestra nada que está en la nada, nada sea tu nombre y nada tu reino y tuya será la nada en nada como es en la nada.

Si quieres mantener a un narcisista feliz y contento, te basta con aplicar dos estrategias proego: contribuir con su "buena imagen" y admirar su grandiosidad incondicionalmente.

La buena imagen

La clave de cualquier amor egocéntrico es saber manejar el *marketing* personal que le ofrece su acompañante de turno. Llámese clase social, fama o aspecto físico, el punto positivo que aporta la pareja debe acrecentar la imagen del "gran hombre" o la "gran mujer". La imagen social que proyecta el individuo narcisista es una de sus cartas de presentación. Un importante hombre de negocios hacía la siguiente reflexión: "Los demás entregan sus tarjetas personales cuando conocen a alguien; yo, en cambio, les presento a mi mujer".

Recuerdo que en cierta ocasión una pareja joven comenzó a discutir en una reunión social frente a todo el mundo. Parece que el desacuerdo se originó porque la vestimenta de la mujer descompaginaba un poco con la elegancia resplandeciente del hombre. Después de algunos forcejeos mal disimulados, ella no pudo más y estalló en llanto. Para un narcisista, no hay nada peor que hacer el ridículo en público, así que el hombre le hablaba al oído, la besaba, la acariciaba y le juraba amor eterno tratando de calmarla. Después de un rato, el caballero logró sosegar a la dama y volvieron a sentarse muy cerca de donde yo estaba. Ella, evidentemente compungida por la escena, le pidió disculpas: "¿Me perdonas?". Él, ya más tranquilo, trato de animarla a su manera: "No te preocupes, mi amor, tú siempre estarás a mi altura".

En mi consulta, he visto muchas parejas que siguen el mismo patrón de "ajuste hacia arriba": uno de los dos anda por las nubes y el otro trata de alcanzarlo. Si ella es brillante en los negocios, él intenta ser un Donald Trump aficionado "para darle la talla". Si el hombre es deportista y atlético, ella, que apenas es capaz de subir dos escalones a la carrera, decide tomar clases de tenis, practicar ciclismo y hacer *kickboxing* "para estar en forma". Cuando les pregunto a "los de abajo" por qué no buscan un punto medio para que ambos se encuentren a mitad de camino, la respuesta es la misma: "No puedo, debo estar a su nivel".

Admiración incondicional

¿Quieres poner a tambalear el ego de un sujeto narcisista? Simplemente ignóralo. La admiración es la materia prima con la cual el ego construye su santuario. La mayoría de los narcisistas prefieren ser reverenciados que amados, por eso, les impacta más una genuflexión que un abrazo, o un aplauso que una caricia ¿Quieres conquistar a una persona narcisista? Hazle un culto a su personalidad y la tendrás comiendo de la mano. Al igual que el amo no puede prescindir de sus esclavos para mantener el nivel de vida al cual está acostumbrado, los sujetos narcisistas no pueden renunciar a su séquito de aduladores para mantener vivo el ego.

Conozco un joven cuya novia parece caída del ombligo de Dios. La mujer se siente una diosa y hace todo lo posible para que le rindan pleitesía. Por alguna razón, el novio utiliza un elogio repetitivo para agradarle: "¡Eres un genio!". Esto la satisface en extremo y le produce mariposas en el estómago. Por ejemplo, si la mujer decide manejar por una calle donde hay menos tráfico, él la mira asombrado y suelta el refuerzo a quemarropa: "¡Eres un genio!"; o si ella elige un atuendo adecuado para ir a una fiesta, él ve allí vestigios de una genialidad estética digna del mejor glamur y repite la consigna: "¡Eres un genio!". Y así, "de genialidad en genialidad", la niña se ha creído el cuento y ha sumado a su *background* físico e histriónico el factor intelectual, lo que la ha convertido en una supernarcisista fuera de concurso.

La admiración es una *exigencia afectiva* del narcisista; no es algo secundario o prescindible, es una obligación que la pareja de turno deberá aceptar sin chistar si quiere mantener la relación. Cuando veo a una persona narcisista con su pareja de turno, la imagen que me surge es la de dos jardines lindantes, pero en diferente estado: uno es exuberante y frondoso, y el otro está seco y baldío. Permanecen juntos, pero uno le quita el agua al otro y lo va acabando lentamente, le va chupando su fuerza vital. El individuo narcisista es un devorador de energía. Es tanta su necesidad de admiración y aprobación que jamás aceptaría una pareja que lo opacara en algún sentido, y si esto llegara a ocurrir, la envidia lo consumiría. Algo difícil de comprender para quien vive el amor de una manera sana y democrática.

"Si me criticas, no me amas"

Las personas narcisistas interpretan un desacuerdo o una crítica amistosa como un ultraje y una falta de respeto a su fuero especial. En psicología clínica se conoce como el "insulto narcisista", que no es otra cosa que una elevada hipersensibilidad a la crítica. Recordemos que estamos ante una baja autoestima amurallada y la honestidad tiene la virtud de penetrar cualquier defensa. Por tal razón, los narcisistas odian a la gente asertiva, simplemente porque dicen honestamente lo que piensan y no se dejan manipular. Este hecho explica por qué sus parejas tienden a ser personas sumisas que evitan contrariarlas en cualquier sentido.

Una mujer me explicaba la fórmula que se había inventado para "criticar" a su esposo sin afectar su ego narcisista: "Primero espero a que esté con un buen estado de ánimo, después le digo muchas cosas lindas... Le tengo preparada una buena comida y me pongo sexi... Lo contemplo bastante y, entonces, le suelto poco a poco la cosa... Por ejemplo, él trata despectivamente a la secretaria, entonces yo, en vez de decirle que sea respetuoso con la gente, me limito a recordarle que no es fácil encontrar un empleado de confianza. Después, le comento la gran admiración que ella siente por él, entonces, baja las defensas y recibe la sugerencia... Como ve, doctor, hay que tener paciencia y buscarle la vuelta...". Sí, ¡pero qué vuelta! Demasiado tiempo invertido para decir lo que se cae de su peso. Al adaptarse totalmente al déficit de su marido, lo único que lograba la señora era aumentar la idea de superioridad del hombre y hacer la comunicación menos fluida.

¿POR QUÉ NOS ENGANCHAMOS EN UNA RELACIÓN NARCISISTA? EL PODER DEL EGO

Lo que habría que preguntarse es por qué la mayoría de las personas egocéntricas están casadas o tienen novios o novias que insisten y persisten tozudamente en seguir con ellas a pesar de las consecuencias negativas y lo difícil de las relaciones.

Existen, al menos, tres esquemas negativos que incrementan la probabilidad de establecer relaciones con personas narcisistas. Cada una de estas vulnerabilidades están determinadas por una necesidad afectiva básica que el sujeto intenta satisfacer para resolver su problema psicológico y hallar cierto equilibrio interior: "Necesito una relación que me dé estatus", "Necesito alguien con quién identificarme" y "Necesito dar amor desesperadamente".

Indeseabilidad personal: "Necesito una relación que me dé estatus"

Este esquema responde a una historia de pocos logros afectivos. Más concretamente, a personas que no se han sentido deseadas por el sexo opuesto y han creado una necesidad dirigida a compensar el tiempo perdido.

Una mujer de 29 años que nunca había sido exitosa con los hombres, debido a su timidez y a un problema de sobrepeso, me describía así a su hombre ideal: "Quiero alguien espectacular... Alto, muy bien parecido, con clase, ambicioso, muy sociable, fuerte, seguro de sí mismo... Estoy harta de que solo me busquen los hombres feos y fracasados. Quiero una pareja con mayúsculas que genere envidia en los demás. Me lo merezco...". Le respondí que no iba a ser fácil lograr su cometido, ya que los hombres con estas características son muy apetecidos y tienen muchas mujeres detrás haciendo fila. Sin embargo, ella mantuvo sus expectativas. Lo que en realidad pretendía mi paciente era resarcir un pasado afectivo gris y quitarse de encima una sensación de soledad no resuelta. Por desgracia, sus aspiraciones (el perfil de hombre soñado) la conducían a un territorio donde los narcisistas pululan y allí podía convertirse en presa fácil.

La necesidad de tener estatus también afecta a quienes viven en pareja. Un paciente que llevaba veinte años de casado me decía: "Yo no sé si la quiero... Es una mujer poderosa, dura e impositiva... Sin exagerar, es el ser más petulante que he conocido. Pero pese a todo, a su lado obtengo muchos beneficios sociales y materiales. Ser su esposo me abre puertas y genera respeto entre la gente. Y como sé que ella no va a cambiar ni quiere hacerlo, mejor me aguanto su narcisismo y disfruto de las ventajas...".

Los ejemplos anteriores muestran una profunda irracionalidad: pensar que la valía personal depende de la importancia, fama o poder de la pareja. Tampoco la cantidad de novios o novias que hayas tenido te hacen mejor o peor que nadie. Podrías debutar afectivamente a los cuarenta años y descubrir que en ese cruce sorpresivo, tu historia de aislamiento adquiere un sentido especial. ¿Te has encontrado alguna vez con amigos o amigas de la juventud, con aquellos o aquellas que destrozaban corazones y eran fuente de envidia y pasión? Pues yo sí, y al verlos descubrí algo increíble: ¡tenían panza y celulitis como cualquiera! Ya no eran los adonis y las afroditas de antes; solo personas del común. La vida se encarga de ponernos a todos en el mismo lugar. La felicidad de pareja surge cuando amaneces "entrepiernado" con la persona que amas y sabes que no hay nadie mejor para ti en miles de kilómetros a la redonda. Pero si lo que quieres es tener una pareja descollante y con dotes especiales, los narcisistas serán tu debilidad.

Indeterminación del "yo": "Necesito a alguien con quién identificarme"

Algunos individuos necesitan identificarse con personas famosas o celebridades (reales o inventadas) para sentirse realizados y darles un mayor sentido a sus vidas. Si no tenemos una definición clara de qué queremos y para dónde vamos, trataremos de encontrar afuera lo que no podemos hallar en nuestro interior, y compensar el vacío personal con la excelencia ajena.

Un hombre se refería a su novia de la siguiente manera: "Admiro su manera de ser, ella representa lo que más valoro en un ser humano y me siento orgulloso de que se haya fijado en mí. Ella es mi norte, mi inspiración y le da sentido a mi vida. Soy su admirador…". La mujer ocupaba un puesto público muy destacado y cuando el hombre iba a visitarla al trabajo tenía que pedir cita y anotarse en una lista de espera. No podemos exagerar esto de la admiración: una cosa es amar a alguien y otra idolatrar y prenderle velas a la pareja como si fuera el segundo Mesías. He conocido sujetos que en vez de un beso, prefieren un autógrafo, y en lugar de un abrazo, una foto tamaño póster. Los vínculos de "fanatismo amoroso" están mediados por un esquema de inmadurez y un "yo" indefinido que no sabe para dónde apuntar: amar no es elaborar un culto a la personalidad. Debo aclarar que no estoy negando la importancia de la admiración, lo que señalo como preocupante es la *admiración desmedida e irracional*, la veneración por el otro, como si se tratara de un dios o una diosa.

Entrega ilimitada: "Necesito dar amor desesperadamente"

Una cosa es el amor universal y otra el amor de pareja, concreto y personalizado. En el primero no hay certificado de retorno ni retribución (¿Acaso habrá esperado gratitud o recompensa sor Teresa de Calcuta?). En el segundo necesitamos algún tipo de retroalimentación porque está en juego la supervivencia del "yo". ¿Cómo no extrañar la caricia y la ternura del ser amado, si somos tiernos y cariñosos? ¿Cómo no esperar fidelidad, si somos fieles? ¿Cómo no esperar sexo, si damos sexo? El amor saludable es de ida y vuelta; siempre tiene dos sentidos. Obviamente, no hablo de ser milimétrico: a veces uno da más de lo que recoge, y no importa; pero si después de dar a manos llenas no recibimos nada de nuestra pareja, la duda empieza a mortificarnos y el resentimiento va ganando espacio.

Cuando alguien con un esquema de entrega ilimitada encuentra a un narcisista, se produce una simbiosis tan extraordinaria como mortal. ¿Habrá una combinación más peligrosa que un adicto al trabajo y un explotador? A nadie le quepa duda: la plusvalía afectiva existe. El sujeto narcisista es un receptor nato y un pésimo dador de amor que se ve a sí mismo como el destinatario natural de cualquier expresión amorosa. En su mente no existe el valor de la reciprocidad. Insisto. El sueño de todo "dador compulsivo" es encontrar un "receptor insaciable" y esa fantasía solo se logra cuando encuentras un narcisista consecuente y de buena cepa. Y es allí, en esa complicidad tácita y marcada por la patología, donde la entrega se hace destructiva.

¿PODEMOS RELACIONARNOS SALUDABLEMENTE CON UNA PERSONA NARCISISTA?

Abrirse a la realidad del otro y tratar de comprenderlo es una condición fundamental para construir un buen vínculo afectivo. No puede haber amor si el egoísmo manda y no puede existir una comunicación eficiente si hay egocentrismo. Al aceptar la supuesta magnificencia de tu pareja, irás minimizando tu ser poco a poco y tu autoestima penderá de un hilo. ¿Qué opción queda? Que el narcisista decida producir una transformación radical en su vida y ser más generoso y humilde. Una revolución interior que no todos están dispuestos a hacer y que muy pocos logran.

Estrategias de supervivencia afectiva

Para relacionarse con un estilo narcisista/egocéntrico, la mayoría de las personas recurren a dos estrategias básicas: adorar a la pareja por sobre todas las cosas o bajarla del pedestal y humanizarla. Ambas tienen consecuencias complicadas de manejar.

Reconocer la "supremacía" del narcisista y rendirle honores

Para seguir esta estrategia, hay que hacer de tripas corazón y guardarse el orgullo en el bolsillo. La idea es acoplarse de una manera radical al narcisismo de la pareja para que todo sea color de rosa. Esto implica aceptar sinceramente la supremacía del otro y autoconvencerse de que somos afortunados de tener una pareja que se sale de lo normal. Las personas que se deciden por esta opción asumen una actitud sumisa y complaciente al extremo.

Los comportamientos más representativos de esta actitud son:

» Adoptar una posición subordinada para que la grandiosidad de la pareja no se vea alterada.
» Mostrar una admiración constante (elogios, halagos, adulaciones y refuerzos).
» Aceptar las pocas manifestaciones de amor, si es que las hay, porque "esa es su manera de ser" y hay que respetarla.
» Mantener un perfil bajo para no competir con la pareja.
» Lo ideal es concentrarse y disfrutar de los logros del narcisista y olvidarse de uno mismo.

» Si se les señala alguna falla o error, debe hacerse con absoluta delicadeza y diplomacia; la asertividad está prohibida porque son muy sensibles.

» Contribuir a su buena imagen con todas las herramientas posibles.

» Dejarse manipular a veces para evitar discusiones.

» Es importante crear una "resistencia a la indiferencia". Este callo se va logrando a través de los años, con bastante esfuerzo y trabajo.

¿Qué opinas? ¿Estás dispuesta o dispuesto a irte por la línea blanda? ¿Posees el don de la paciencia y la mansedumbre necesaria? Algunas personas se sienten orgullosas de poder servir al ego de su pareja y de fortalecerlo hasta reventar. En este sentido, una mujer me comentaba: "Cuanto más importante sea él, más grande seré yo". Una curiosa forma de grandiosidad vicaria: el carácter transitivo de la baja autoestima.

Poner al narcisista en su sitio y bajarlo del pedestal

Esta posición intenta equilibrar la relación y volverla más democrática, lo cual implica una crisis asegurada, ya que el sujeto narcisista no aceptará bajo ninguna circunstancia perder o compartir el poder. La consecuencia de esta alternativa puede llevar a la ruptura, ya que la confrontación se dirige a los puntos más vulnerables del sujeto, al corazón mismo de su ego: "No eres tan especial como crees". No obstante la buena intención, hay que ser realistas: se necesitan varias toneladas de peso para bajar la intensidadególatra del narcisista, así que no es solo cuestión de buena voluntad y perseverancia, sino de que el narcisista acceda al cambio.

Estos son algunos de los comportamientos que definen esta actitud:

» Retirar la admiración y los halagos que solo busquen alimentar el ego del otro. No más pleitesía obsecuente, así el otro la requiera.

» No colaborar con su buena imagen por obligación. Vestirse, arreglarse y comportarse como lo creamos conveniente. Si esto es útil o no para alimentar la grandiosidad de la pareja, es secundario.

» No reprimir la crítica o la discrepancia cuando sean justas y fundamentadas (no se trata de castigar al otro ni de tomar venganza).

» Tratar de ser realista: habrá muy pocas o ninguna conducta altruista de parte de la persona narcisista, así que es mejor no hacer reclamos de ningún tipo y menos aún suplicar.

» En general, es preferible decir lo que pensamos y expresar los sentimientos honestamente.

» La mejor manera de desbaratar un estilo manipulador es conocer la intención de la persona que intenta el control: "¿Qué busca él o ella con esto?". Cada vez que descubrimos y hacemos manifiesto cuál es el verdadero propósito del narcisista, el comportamiento manipulador pierde poder. Una vez conozcamos su motivación e intención, todo se reduce a no entrar en el juego.

Oposición firme y directa. ¿Eres capaz de irte por la línea dura o te detienen tus miedos e inseguridades? ¿Deseas realmente poner al narcisista en su sitio o todavía quieres compartir su estrellato? Algunas personas no son capaces de aplicar estos recursos de afrontamiento porque están apegadas y temen la reacción negativa de la pareja, sobre todo si existe una relación de dominancia-sumisión de vieja data. Rebelarse contra las figuras emblemáticas de autoridad o admiración no es fácil porque de tanto estar sometidos, la costumbre se va instalando en el disco duro y se pierde lucidez. Alguien contaba el caso de un pequeño perro que molestaba a un león recién nacido; lo mordía, lo empujaba, lo perseguía, en fin, le hacía la vida imposible. Lo curioso es que cuando creció el león y se convirtió en un enorme animal que amedrentaba a todo el mundo con su imponente melena y su estruendoso rugido, seguía teniéndole miedo al insignificante perrito. Con solo verlo a lo lejos se orinaba del susto. Así son de absurdos e irracionales algunos condicionamientos. A lo mejor, eres un león o una leona que no se da cuenta de que los años han pasado y ya no tienes por qué temerle a quien te dominaba antes.

¿Hasta dónde negociar?

Amar y no ser amado, dar y no recibir, ser manipulado y sentirse un objeto son situaciones inaceptables si no queremos ser víctimas de un amor enfermizo. Cualquier cosa que afecte nuestra integridad física o psicológica debería quedar por fuera de una relación. ¿Y si el amor es mucho? Pues no se trata de cantidad sino de calidad. No importa cuánto te amen, sino cómo lo hagan. Un amor no recíproco es injusto, así tu pareja no pueda vivir sin ti y te necesite como al agua.

¿Puntos medios? No es tan sencillo; a veces nos quedamos en un limbo afectivo sin saber qué hacer. Una paciente, después de que su marido pasara por una terapia de año y medio para modificar su estilo afectivo narcisista, me decía: "Debo reconocer que ha habido mejoría. Ahora me manipula *menos*, no exige *tanta* pleitesía y admiración como antes... Ya no es *tan* indiferente y reconoce *algunos* de sus errores cuando está de buen humor... Pero yo me pregunto si debo resignarme a tener una pareja 'más o menos'... No es precisamente lo que quería para mi vida. La verdad es que la convivencia con él todavía sigue siendo complicada y por momentos la soberbia le sale por los poros. Hace esfuerzos, pero ahora soy yo la del problema porque no sé si soy capaz de estar con alguien así. Quiero un amor completo o no quiero nada". ¿Pataleta de mi paciente? ¿Intolerancia? No, más bien, cansancio, toma de conciencia y determinación de límites. La claridad afectiva que dan los años y el sufrimiento.

Para algunos, la relación con una persona "mininarcisista" o "subnarcisista" o "seminarcisista" es llevadera y soportable; para otros, definitivamente, no. Un narcisista leve, evidentemente, no genera tanto daño como uno moderado o severo, e inclusive su pareja puede llegar a acoplarse a sus exigencias sin sufrir traumas severos. La pregunta es si con eso basta. Si es preferible tener una vida llevadera y "aguantable", a una vida buena y satisfactoria, no necesariamente ideal ni perfecta. Un hombre joven, casado hacía un año, me expresaba lo siguiente: "Un psiquiatra me dijo que ella era una 'seminarcisista' y que si yo la amaba de verdad tenía que aceptar su manera de ser. El tipo insistió en que con una 'narcisista total' me hubiera ido peor. Yo me pregunto: ¿peor a qué? ¿Qué diferencia hay entre estar a la sombra de una mujer que se siente Dios o estar a la sombra de una que se cree un semidiós? ¡Igual voy a estar por debajo! ¡Igual voy a sufrir!". Tener una pareja narcisista implica un esfuerzo para mantener el "yo" a flote y no dejarse hundir por la arrogancia del otro. No podemos descartar que la mente saca callos al igual que el cuerpo y que con ayuda del autoengaño podemos ver luz donde hay oscuridad. Algunos optimistas asumen el papel de "reeducadores emocionales" tratando de descentrar al narcisista y reacomodar su ego. Yo no sería tan optimista, pero tú decides.

Cómo reconocer el estilo narcisista antes de enamorarse

Al principio, el brillo narcisista deslumbra y, después, enceguece. Cuando el sujeto ególatra intenta seducir, recurre a dos tácticas principales: primero, da muestras de poder, elegancia y aristocracia, y segundo, se comporta de una manera totalmente opuesta a lo que realmente es: humilde, sensible y dispuesto al crecimiento personal. Sin embargo, no todo puede camuflarse, existen pequeños detalles, gestos o comentarios que indican claramente que tanta maravilla es sospechosa. El impulso del ego por lucirse es tan grande que es prácticamente imposible tenerlo oculto. Algunas de las siguientes pautas permiten reconocer a una persona narcisista antes de ser atrapado o atrapada por "su encanto":

» Parece que escucha cuando le hablas, pero su mente está secuestrada por el ego. Puedes verificar si ha captado la información después de un rato: vuelve a comentar lo mismo y es muy probable que no se acuerde si ya se lo habías dicho antes. Y no es falta de memoria, sino de atención.

» La mayoría de las conversaciones tienden a canalizarse hacia su propia persona: su historia, su familia, sus logros, su trabajo o lo que sea. No pienses que se trata de una comunicación abierta o que le inspiras confianza; es puro egocentrismo amañado.

» Cuando lo contradigas o muestres tu desacuerdo frente a algunas de sus opiniones, no podrá disimular su desconcierto e incomodidad. Pondrá su mejor cara amable, pero en su interior se sentirá indignado o indignada. Algo podrás detectar.

» Exhibirá las marcas cada vez que pueda: ropa, reloj, joyas, zapatos y cosas por el estilo. Querrá dejar claro que tiene un excelente gusto y mucho glamur.

» Nunca dirá "no sé". Ponle el tema que quieras y tendrás a una persona erudita al frente.

» La táctica preferida será endulzarte el "yo" y los oídos. Te dirá exactamente lo que te gustaría que te dijeran, porque son muy sagaces a la hora de descubrir los puntos débiles del otro.

» A veces se les escapa el trato inadecuado, brusco o descortés hacia otras personas. La costumbre delata. En estos casos, el hábito sí hace al monje o a la monja. La persona clasista no puede dejar de serlo.

» Mostrará un especial interés por tus amistades importantes y con estatus.

» Tratará de pasarse por encima las reglas desde el primer momento y mostrará cierta ira mal disimulada cuando deba seguir pautas de conductas impuestas desde fuera.

Cuando la persona narcisista/egocéntrica eres tú: algunas consideraciones

No sé si alguna vez habrás intentado seriamente ponerte en el lugar de tu pareja, tratando de comprender realmente qué siente y piensa. Eso implicaría hacer a un lado el ego para que no estorbe. Si pudieras y quisieras hacerlo, te sentirás más libre y le darías algo de felicidad a la persona que te acompaña. También sentirás el alivio de no pretender ser el centro por un rato. Imagínate: nada qué aparentar, no competir, ninguna meta inalcanzable, solo tu ser al desnudo. ¡Qué sosiego! Te sorprenderías de la cantidad de gente que terminaría aceptándote tal y como eres (quizás no seas tan espantoso o espantosa como el inconsciente te recuerda a veces). Debes reconocer que mercadear una imagen de grandiosidad es bastante agotador y muy poco redituable en términos sociales. La gente no es tan estúpida como para creerse el cuento del "Dios vivo", así que terminarán odiándote. El futuro consecuente de un narcisista es el destierro y el aislamiento, precisamente a lo que temes. Piénsalo: si pudieras lograr la admiración que tanto ansías siendo realmente tú, ¿no te gustaría? ¿No sería un triunfo más loable y verdadero?

Preocuparte por los demás no quiere decir que te conviertas en san Francisco de Asís o en santa Clara, pero un toque de humildad no te vendría mal. Cuando algunas personas narcisistas intentan semejante cambio, la gente lo nota inmediatamente y, lo que es más importante, lo valora, porque estás mostrando un lado amable que no conocían. Además, empezarás a sentirte parte del mundo de los mortales y tu sentido de pertenencia cobrará fuerza. ¿Cómo empezar? Aprendiendo a perder, sin saltarte las reglas, sin imponer tus puntos vista, interesándote por el prójimo y admitiendo que cometes errores. ¿Te imaginas un mundo repleto de narcisistas? ¿Vivirías en él?

Ser humilde es ser consciente de la propia insuficiencia. Deberías practicar esta virtud e incorporarla a tus esquemas. Esto nada tiene que ver con los sentimientos de minusvalía y la baja autoestima, no temas. El humilde no exagera sus dones ni se vanagloria de ello, no los publica, no los echa en cara: los vive y los goza sin importarle demasiado la *vox populi*.

Te preguntarás por qué eres así. Hay muchas posibilidades. Quizás tus padres fueron muy indulgentes contigo, te sobrevaloraron exageradamente o faltó disciplina y control de parte de ellos. También podría haber ocurrido que no te enseñaron a soportar la frustración y a regular tus emociones. Tu infancia pudo haber estado determinada por modelos que explotaban a las demás personas y aprendiste que la manipulación es la única forma de sobrevivir. Algunos narcisistas generan los estilos que vimos por compensación, debido a que su autoestima es muy pobre y, entonces, tratan de equilibrar la cuestión volviéndose demasiado arrogantes. Otro factor a considerar es si fuiste hija o hijo único y si, por lo tanto, tus padres te educaron como un príncipe o una princesa. En fin: los esquemas de grandiosidad se aprenden y cobran fuerza durante el transcurso de la vida, hasta tal punto que a veces es imposible extinguirlos. Solo un profesional podrá darte los elementos necesarios para salir adelante, y esa es una responsabilidad que debes asumir si quieres tener una vida normal y no afectar a los tuyos.

CAPÍTULO 5

ESTILO OBSESIVO-COMPULSIVO
EL AMOR PERFECCIONISTA

Si cierras la puerta a todos los errores,
dejarás afuera la verdad.

RABINDRANATH TAGORE

Si los celos son señales de amor,
es como la calentura en el hombre enfermo
que el tenerla es señal de tener vida,
pero vida enferma y mal dispuesta.

MIGUEL DE CERVANTES

Un sujeto obsesivo antes de hacer el amor: "¿Cerraste bien las ventanas? ¿Aseguraste las puertas? ¿Seguro que los niños están dormidos? ¿Te bañaste? ¿Te lavaste los dientes? ¿No te queda mejor el pijama amarillo? Debo ir al baño. ¿Te molesta si apago la luz? Vas bien con tus anticonceptivas, ¿no? ¡Qué tarde se ha hecho! ¿Y si lo dejamos para la semana entrante?". El culto al control. Nada satisface a un obsesivo-compulsivo porque siempre habrá algo que podrías haber hecho mejor: no importa qué tan eficiente seas, siempre te faltarán cinco centavos para el peso. Puede ser una pelusa, una arruga o un cubierto mal puesto, cualquier excusa es buena para recordarle al otro que está lejos del nivel de eficiencia esperado. La pareja andará a los tumbos y muerta de miedo a equivocarse.

La carga del perfeccionismo hace que la relación se vuelva cada vez más solemne, amargada y formal, ya que la espontaneidad y la frescura serán vistas por el obsesivo como una falta de autocontrol de su pareja. No digo que el amor necesite un estado de euforia perpetua para estar bien, pero de ahí a convertirlo en un servicio de control de calidad, hay mucha diferencia. El estilo obsesivo controla, organiza, establece reglas, ordena y sistematiza todo a su paso, pareja e hijos incluidos. Los abrazos serán "exactos", los besos estarán "bien ejecutados" y la convivencia responderá a un manual de funciones "claramente explicitado". La sorpresa, la improvisación y la naturalidad serán causa de estrés e incluso, en ocasiones, motivo de separación.

Malena era una mujer joven y exitosa en su profesión. Estudió publicidad y ocupaba un puesto laboral importante. No tenía hijos y se había casado hacía siete meses. Cuando llegó a mi consulta hizo referencia a un dolor de espalda persistente, problemas de sueño, gastritis y bastante irritabilidad. A las pocas sesiones, la causa se hizo evidente: Malena no era capaz de llenar las expectativas del hombre a quien amaba y eso le generaba un gran estrés. Nicolás, su esposo, era un ejecutivo que comenzaba a ascender dentro de la empresa donde trabajaba. El hombre era un fiel ejemplo del estilo obsesivo-compulsivo: vivía pegado a los detalles, era sumamente exigente en todas las cuestiones y criticaba mucho a

Malena porque, según él, era poco responsable y se equivocaba demasiado. Nicolás vivía para trabajar y sentía una aversión especial por el ocio y la diversión. Además tenía serias dificultades para expresar sus emociones, las que mantenía bajo un riguroso control, y esto afectaba negativamente las relaciones sexuales. Sentía una devoción especial por el orden y la disciplina, en todas sus manifestaciones. En cierta ocasión, Malena resumió su relación con Nicolás de la siguiente manera: "No tiene un lado amable: haga lo que haga siempre encuentra fallas en mí o en mi desempeño. La verdad es que me tiene agotada, todo debe ser planeado y en su punto... Él tiene veintiocho años y mentalmente parece un viejo de setenta. Los pocos amigos que conserva son mucho mayores que él... En realidad, está muy solo. Pero ¿cómo no va a estarlo si se la pasa criticando a todo el mundo?... ¡Es tan mojigato para la edad que tiene! Un día me sentí muy mal porque me puse una ropa erótica para que estuviéramos juntos y él reaccionó de una manera inexplicable. ¡Se ofendió y me dijo que así me veía como una puta! Me presiona demasiado, nunca hay un refuerzo o una felicitación, nunca lo veo feliz... Cuando se va de viaje, yo descanso: me visto como quiero, voy donde se me da la gana y digo lo que pienso y siento, ¡soy como quiero ser! Pero lo que más me duele de todo esto es el castigo psicológico... El otro día compré una marca distinta de jamón a la que estábamos acostumbrados, entonces me dio una conferencia sobre gastos y coherencia interna, ¡y me dejó de hablar una semana! Para colmo, él es muy avaro y yo muy generosa, y peleamos mucho por eso. No sé dónde estuvo mi error, quizás no lo conocí bien y me apresuré a casarme, pero algo tengo claro: si él no cambia, no podré seguir con esto…". Cuando Nicolás vio pasos de animal grande, decidió pedir ayuda profesional, porque no quería perderla. Y en eso anda.

El "amor eficiente" o la "eficiencia amorosa" inexorablemente nos conducen a un callejón sin salida: la frustración. Esa era la principal queja de Malena: "No doy en el clavo". Nicolás, por ver el árbol no veía el bosque. Aunque parezca absurdo, para el perfeccionista, lo negativo tiene más peso que lo positivo o, al menos, le demanda más atención. Malena era una mujer encantadora en todos los sentidos, pero Nicolás estaba tan preocupado por la evaluación y la medición de sus comportamientos que no podía disfrutarla. Nadie puede funcionar normalmente si hay que estar todo el tiempo rindiendo cuentas sobre la limpieza, la comida, la ropa, los gastos y cosas por el estilo. La persona que amamos no puede ser un inspector de hacienda. No digo que debamos vivir en un chiquero, pero tampoco tener como meta crear un ambiente aséptico como si viviéramos en una sala de cuidados intensivos: es mejor la cama que un quirófano.

LA PESADILLA DE UN AMOR RÍGIDO Y METICULOSO

Entonces, si alguien te propone un amor escrupuloso, exacto, tacaño, inflexible, estricto, moralista, formal, probo, regulado, estructurado y organizado, escapa. Es difícil vérselas con un "súper yo" enamorado y no dejarse llevar por la rigidez mental y afectiva que los caracteriza. Además de su alto poder de convencimiento, la cultura los exalta a la hora de fijar modelos ejemplares.

En las sociedades desarrolladas, las personas obsesivas son admiradas por su disciplina, el respeto a la autoridad y su ilimitada capacidad de trabajo. La mayoría de los empresarios aceptan con gusto que estos sujetos formen parte de su equipo de trabajo, aunque no suelen ocupar cargos directivos muy elevados. La razón es que la gente obsesiva, aunque muestre ciertas ventajas en la ejecución de tareas concretas, tiene serias dificultades para delegar, tomar decisiones y establecer prioridades, aspectos imprescindibles para cualquier ejecutivo ágil y de alto perfil. Por eso, en las presidencias y vicepresidencias de las grandes empresas, es más común encontrarse con la arrogancia del narcisista que con la pulcritud del perfeccionista extremo.

La propuesta afectiva del obsesivo se estructura sobre la base de tres esquemas castigadores y limitantes: "Te equivocas demasiado" (*crítica/inculpación*), "De ahora en adelante, yo tomaré las riendas" (*responsabilidad ilimitada*) y "Debo mantener mis emociones bajo control" (*constricción emocional*). En otras palabras: subestimación, golpe de Estado y escasez de ternura. Muy difícil de aceptar para una mente relativamente cuerda.

"Te equivocas demasiado"

Si tu pareja cumple los requisitos de un obsesivo-compulsivo, serás inútil, incompetente e irresponsable hasta que demuestres lo contrario, y para "demostrarlo" no tienes otra opción que ser perfecto o perfecta. Cosa juzgada. La ansiedad que genera este tipo de control es tanta que algunas víctimas prefieren convertirse al "obsesivismo", con tal de evitar el peso de una fiscalización constante. En cierta ocasión, mientras tomaba un café con una colega, ella miró la hora con angustia y dijo: "¡Dios mío, tengo que lavar los platos antes de que él llegue!". Cuando le pedí que se quedara un rato más, no me dio opciones: "No, no puedo... Se pone como un tigre si no encuentra todo arreglado...". Tomó rápidamente un taxi y salió disparada rumbo a sus "obligaciones"; solo le faltó poner una sirena policial en el techo del automóvil. Su estrategia de supervivencia para evitar el regaño del marido y mantenerlo calmado consistía en asumir el papel de "obsesiva secundaria", es decir, una obsesión subsidiaria, cuyo fin es contribuir a las necesidades del obsesivo principal. Sin duda, una suposición errónea, porque las manías del hombre seguirán incrementándose gracias a la obsecuencia de su pareja.

Las críticas constantes y la presión de que "todo esté bien" esconden una profunda subestimación del otro para resolver problemas. Debido a esto, las víctimas del estilo obsesivo pierden autoeficacia y se vuelven cada día más inseguras. Un joven me expresaba en su primera sesión: "Vengo para que usted me diga qué tan idiota soy, porque según mi novia soy el hombre más torpe e inútil del planeta... Me lo ha dicho tanto, que ya me lo he creído". Obviamente, no había tal ineficiencia crónica. Lo curioso es que las parejas de los obsesivos terminan "equivocándose por miedo a equivocarse". El círculo vicioso es como sigue: cuanto mayor sea el temor a equivocarse, más se verá afectado el rendimiento (bajo los efectos de la ansiedad, la eficacia disminuye de manera sustancial), y cuanto menor sea el rendimiento, la autobservación de "inutilidad" incrementará la ansiedad, bajando aún más el desempeño. En esta espiral autodestructiva, la angustia va apoderándose del amor hasta acabarlo. Los obsesivos poseen esta curiosa capacidad: buscando las cotas más altas reducen el amor a su mínima expresión.

"De ahora en adelante, yo tomaré las riendas"

La percepción de que la pareja es ineficiente e improductiva, sumada a la propia incapacidad de delegar, hace que muchos individuos obsesivos asuman el mando y se hagan cargo directamente de todo lo que implica la relación: pagos, arreglos, balances, manejo del hogar, planificación de viajes, recreación y educación de los hijos; en fin, cualquier acción o decisión deberá pasar el filtro de la excelencia. Este "golpe de Estado" a favor del alto rendimiento tiene, al menos, dos consecuencias negativas para cualquier relación afectiva. En primer lugar, apoderase de la marcha y articulación de la relación excluye irrespetuosamente al otro, remarca su presunta inutilidad y lo ubica en un vergonzante segundo plano; de más está decir que este desplazamiento forzado termina generando frustración, ira y resentimiento. En segundo lugar, y esto ya es un error de cálculo del obsesivo, tomar las riendas de "todo" implica asumir una responsabilidad "general". Esto significa que, si antes el sufrimiento tenía lugar por las equivocaciones de su pareja, ahora la obsesión estará dirigida a su propia persona. La exigencia se transformará en autoexigencia, la crítica en autocrítica y el castigo en autocastigo. Rendirse cuentas a sí mismo puede ser tan o más agobiante que rendirle cuentas al prójimo.

Una conclusión importante es que el individuo obsesivo, ya sea manifiesta o soterradamente, jamás entregará el control, porque cree que nadie lo hará mejor que él. La obstinación y cierta sobrevaloración personal le impedirán ver la realidad de sus limitaciones naturales. Un hombre extremadamente perfeccionista me contaba los "progresos obtenidos" después de haber tomado el control del funcionamiento de su casa: "No tuve otra opción... Ella es demasiado tranquila y había mucha improvisación... No se planificaban bien las cosas y la desorganización era total. Por ejemplo: gastábamos mucho dinero en comida y, a veces, hasta la tirábamos, pero ya hice un menú semanal con las cantidades exactas y así logré evitar el exceso. Lo mismo hice con las horas de estudio, televisión y juego de los niños. Todo está perfectamente planificado. Nuestra calidad de vida es mucho mejor". La esposa no estaba muy de acuerdo con él y supongo que los hijos tampoco. En una sesión, la mujer me comentó con tristeza: "Desde que él se hizo cargo, el dinero no me alcanza para nada. Cada día comemos peor y los niños parecen autómatas... En mi casa se acabó la alegría...". Recordemos que las personas obsesivas son bastante avaras, así que cederles el manejo económico llevará inevitablemente a un severo recorte del presupuesto.

"Debo mantener mis emociones bajo control"

Uno de los miedos principales que mortifican a las personas obsesivas es que si dejan de ejercer el control mental sobre sus emociones se meterán en problemas o harán el ridículo. Este culto a la racionalidad los lleva a bloquear sus estados internos y a enfriar sus sentimientos.

Meterse en la mente de un individuo obsesivo-compulsivo es como meterse en una armadura medieval. La personalidad se atrinchera en un sinnúmero de imperativos que le impiden moverse emocionalmente y expresar afecto a las personas que supuestamente ama. Basado en un estoicismo mal entendido, piensa que "vivir, es sufrir" y, por lo tanto, cualquier manifestación desbordada de alegría será interpretada como síntoma de debilidad o mal gusto. Obviamente, ante semejante aparato defensivo, su pareja se siente descuidada e incapaz de acceder a un amor completo.

Esta rigidez emocional es la principal razón por la cual la personalidad obsesivo-compulsiva muestra dificultades en el área sexual. La incomodidad que les provoca la expresión de emociones, la falta de espontaneidad y el miedo a perder el control los llevan a una disminución en el deseo sexual y a tener dificultades para alcanzar el clímax. Y es entendible, si consideramos que durante el orgasmo, el tiempo y el espacio se confunden locamente (dando la razón a Einstein) y las reglas de conducta se pierden en la más absoluta anarquía (dándole la razón a Bakunin). Dicho de otra forma: los impulsos sexuales en el obsesivo casi siempre están en cuarentena.

¿Por qué nos enganchamos en una relación obsesiva? La fascinación del "buen partido"

No es difícil sentir atracción por una persona obsesiva, ya que muchos de sus comportamientos, tal como dije antes, son respetados y admirados por la cultura. La responsabilidad, la posición estricta en cuestiones ético/morales y la capacidad de trabajo, entre otras, pueden hacer las delicias de cualquiera que aspire a una relación convencional. La "seriedad" continúa siendo en muchos grupos sociales una virtud prematrimonial. Si a lo anterior le agregamos una pizca de solvencia económica, el plato está servido.

Partiendo de estas "ventajas", podemos definir tres vulnerabilidades o necesidades básicas que facilitan el encadenamiento con un estilo obsesivo-compulsivo: "Necesito a alguien eficiente a mi lado", "Necesito a alguien que me encause por la buena senda" y "Necesito una pareja muy responsable y confiable".

Incompetencia/fracaso: "Necesito a alguien eficiente a mi lado"

El sueño de cualquier persona que se siente incompetente es tener alguien a su lado que le resuelva los problemas de manera diligente y eficaz. El estilo perfeccionista atrae a los que se sienten inútiles, como el polen a las abejas. ¿Cómo resistirse a las palabras mágicas de un buen obsesivo? "No te preocupes, déjalo en mis manos" o "Yo me encargo, confía en mí". Es el encanto del salvador o la salvadora que subsana la insuficiencia.

El problema aparece después, cuando la alegría y el alivio iniciales se convierten en fiscalización y control. Esto ocurre cuando el "corrector de errores", amparado en su historial de aciertos, pasa a ser el peor de los censores. Un paciente deprimido explicaba así su desilusión al ver la nueva actitud de su pareja: "Lo que me enamoró de ella, ahora me está destruyendo… Antes de conocerla, yo sentía que todo lo hacía mal, me veía a mí mismo como un inútil, pero guardaba la esperanza de que algún día pudiera cambiar para bien. Pero ahora estoy peor; cada día que pasa ella me recuerda que debo hacer las cosas mejor, que estoy muy lejos de su ideal de hombre y eso me hunde en la desesperación". Pensemos en la dinámica cruel que se esconde detrás de este tipo de relaciones: me engancho con alguien ultraeficiente porque me genera admiración y seguridad, y supongo que compensará mi miedo a equivocarme, pero al cabo de un tiempo descubro que esa persona resulta ser el peor crítico de mi conducta. Sería como escapar de un depredador escondiéndome en su guarida. De esta manera, bajo el peso implacable del reproche, las reglas y la censura, la percepción de incompetencia/fracaso crecerá de forma exponencial: precisamente lo que se quería evitar.

Autocontrol insuficiente: "Necesito a alguien que me encause por la buena senda"

Esta es una versión más sofisticada del salvador o la salvadora. Esta vulnerabilidad se da en personas que han tenido épocas de su vida con mucho descontrol y excesos conductuales y, en un momento dado, piensan que deben sentar cabeza y retomar el rumbo. Aquí es donde entra la "pareja terapeuta" quien, con su buen ejemplo, enseña el camino de la cordura y la contención. ¿Quién no ha escuchado alguna vez la siguiente declaración de amor/agradecimiento?: "Antes de conocerte, mi vida era un desastre, pero hoy, gracias a ti, soy otra persona". Para alguien que quiere enmendarse de sus malas actuaciones y quitarse de encima los sentimientos de culpa, una persona normativa será vista como una oportunidad de redimirse, reiniciar el disco duro y hacer un "examen de conciencia" a fondo.

He conocido muchas señoras agradecidas con sus "nueras" por haber rescatado al hijo descarriado de la juerga, la droga o el juicio final. Lo que quiero señalar es que un número considerable de estas redentoras afectivas muestran un claro estilo obsesivo. Obviamente, también hay hombres buenos samaritanos que adoptan a mujeres fuera de control para encausarlas, pero en mi experiencia profesional he encontrado más mujeres que hombres desempeñando este papel. Para cumplir la función de benefactor y reeducador afectivo, nadie mejor que alguien organizado, disciplinado, controlado y todos los demás "ados" que conforman el perfil perfeccionista.

Compromiso/lealtad: "Necesito una pareja muy responsable y confiable"

Es un hecho que las personas que responden por sus actos y compromisos generan confianza. Esperamos que los demás nos tomen en serio y cumplan la palabra empeñada, no importa que se trate de una aventura, un encuentro casual o una relación estable: la responsabilidad es un principio ético no negociable en cualquier tipo de vínculo, porque nos da la garantía de ser respetados. Pues bien, en esto, la mayoría de las personas obsesivas son expertas. Además de ser extremadamente responsables, suelen ser fieles. El impacto que producen es de coherencia y de cierta solvencia moral, lo que las hace especialmente apetecibles para quienes valoran el compromiso afectivo o lo necesitan para compensar antiguos fracasos.

Una mujer sobreviviente de una relación pasivo-agresiva me contaba entusiasmada las ventajas de su nueva conquista: "La verdad es que no puedo creerlo... Yo ya no confiaba en los hombres, pero este sí vale la pena: es responsable, cuidadoso, comprometido, nunca llega tarde, es detallista y tiene en cuenta mis necesidades. No es egoísta como mi ex. Estoy sorprendida de que la vida me haya hecho este regalo...". Y era comprensible su euforia. Después de la pesadilla pasivo-agresiva, el contraste era indiscutible: "¡Un hombre que se preocupa por mí y mantiene su palabra!". Sin embargo, como ya vimos antes, la responsabilidad y el compromiso pueden transformarse en actitudes tan severas y férreas que terminan por destruir psicológicamente al otro. Hay que tener presente que el obsesivo exige lo mismo que da, multiplicado por diez; por lo tanto, es muy probable que la responsabilidad que tanto le admiramos termine por revertirse en nuestra contra. La responsabilidad compulsiva (rigurosa y fría), sin el equilibrio que genera la ternura y la flexibilidad mental, se convertirá inevitablemente en una forma de tortura.

¿PODEMOS RELACIONARNOS SALUDABLEMENTE CON UNA PERSONA OBSESIVA?

No es fácil vivir con alguien que te evalúa todo el tiempo y que además exige un estándar de rendimiento inalcanzable. En este tipo de exigencia, hay un dejo de indignación que no podemos negar. El individuo obsesivo piensa que siempre tiene la razón y, como toda persona dogmática, no aceptará fácilmente revisar sus creencias y dudar de sí misma. Por eso, si intentas dialogar con ella o él, te encontrarás con una muralla de razones y fundamentos irrevocables. El amor obsesivo es un amor estancado en la rutina y la normatividad, es un amor que no fluye ni se renueva. No tienes mucho que pensar al respecto: rompes el dique o te contaminas.

Estrategias de supervivencia afectiva

Frente a la "dureza mental" y la disciplina intransigente del individuo obsesivo, su pareja suele optar por dos caminos opuestos: someterse a la fiscalización del otro o romper la contención y dejar que el desorden natural de la vida haga de las suyas. Veamos cada una.

Someterse al control obsesivo y reglamentar el amor

Esta forma de encarar la relación tiene dos facetas. La primera, que ya comentamos con anterioridad, está orientada a mimetizarse en el otro. Tal como ocurre con el síndrome de Estocolmo, algunas víctimas de los obsesivos terminan identificándose con el secuestrador, que en este caso sería más bien un inquisidor que regula, dirige y examina el "buen proceder". La premisa sería como sigue: "No soy capaz de irme de su lado, así que prefiero hacer lo que me pide sin protestar". Este proceso de conversión al "obsesivismo" puede ser consciente o inconsciente.

La otra estrategia consiste en contrarrestar de manera sutil la psicorrigidez del amor perfeccionista. Equilibrar "cuidadosamente" el acoso normativo y los "deberías" de la pareja, justificando sus comportamientos con argumentos conciliadores y actitudes compensatorias, no importa el costo. La táctica es como sigue: "Si mi pareja es normativa, yo seré un *poco* inconformista; si es solemne, intentaré tener *algo* de buen humor; ante su dogmatismo, seré un *poco* más flexible; si está demasiado pendiente de los errores, trataré de cometer *algún* desliz de vez en cuando". La idea es introducir pequeñas dosis de liberación a cuentagotas y con guantes de seda para que el otro no se altere. Una forma de autoengaño que pretende crear la ilusión de que no todo es horrible. Sería como estar bajo el agua y respirar con un tubo para no ahogarse, en vez de salir a la superficie.

Veamos algunos comportamientos que definen estas actitudes:

» Ser tolerante y dejar que la pareja obsesiva continúe con sus hábitos. Ponerle al mal tiempo buena cara y ayudarse con el buen humor y la paciencia. Ser flexible con la inflexibilidad del otro para evitar confrontaciones.

» Tener una vida con pocos cambios y sin introducir novedades para evitar el estrés de la pareja.

» No esperar expresiones intensas de afecto y renunciar a una vida sexual interesante y variada. Resistir sin desanimarse y tratar de acostumbrarse.

» Evitar cualquier lucha por el poder, porque son muy hábiles para argumentar. Cada discusión los hará más fuertes. Si no ganan, empatan.

» Comprenderlos y seguirles la corriente o, si el amor es mucho, adoptar la función de "obsesivo secundario" y trasformar el propio estilo de vida.

» Dejar que la pareja se encargue de los detalles.

» Tratar de cometer el mínimo de errores.

» Mantener una vida austera y sin gastos innecesarios.

» Rechazar el ocio y hacer un culto al trabajo.

No creo que entregarte ciegamente al estilo obsesivo te haga feliz, aunque algunas víctimas intenten mostrar la cara alegre de vivir atrapadas en una maraña de normas, horarios y listas de todo tipo.

Rechazar las exigencias del amor perfeccionista y desordenar la vida cotidiana

Si lo que quieres es ponerle límites al perfeccionismo de la persona que amas, tienes que esperar un fuerte contraataque de parte de ella. Oponerse a la obsesión del otro y meterlo de cabeza en el desorden normal de la vida hará que su estrés se incremente de manera notable. El obsesivo verá minadas sus fuentes de seguridad y tratará de defender su modo de vida a cualquier costo, incluso alejándose definitivamente y rompiendo la relación. Su devoción por la sistematización y el control puede llegar a ser mayor que el amor por ti, y si intentas arrebatárselos, estarás declarándole la guerra.

Veamos algunos comportamientos que definen esta actitud:

» Ser espontáneo e impredecible.
» Dejarse llevar por los sentimientos y no solo por la razón y la lógica.
» Tomar el control sobre parte del dinero y darle el uso que se quiera.
» Despreocuparse por los detalles y dejarle espacio a la improvisación.
» No controlar el humor y la risa, así se salgan de los causes "normales" de la adecuación y el buen comportamiento.
» Hacer del ocio una opción válida y constructiva.

» Producir cambios en la vida cotidiana (v.g. decoración, alimentos, vestimenta) y explorar lo nuevo libremente.

» No resignarse a una vida sexual y afectiva limitada y aburrida, y exigir las dosis adecuadas de amor y placer.

» Hacerse cargo de decisiones y actividades comunes, así al otro no le guste delegar funciones.

» Cometer los errores naturales sin disculparse ni comprometerse a ser perfecto.

Cada uno de los comportamientos mencionados será una estocada al corazón del sujeto obsesivo. Una falta irreparable a sus "buenas" y "recomendables" costumbres, un acto de irresponsabilidad sin precedentes. La crisis tomará dimensiones existenciales porque lo pondrás cara a cara con su déficit y con los miedos irracionales que se desprenden de su estilo. Te convertirás, de la noche a la mañana, en un ser despreciable. Un paciente obsesivo-compulsivo cuya esposa inició una "revolución del descontrol" me decía entre triste e indignado: "No hay nada qué hacer, no me merece y listo". Le pregunté si consideraba que la mujer tenía razón en algún punto del desacuerdo, y me respondió: "No puedo negociar con una persona de su calaña. Me destruyó la vida, solo una persona mala haría eso". "Los que no están conmigo, están contra mí", es la premisa de una mente autoritaria.

¿Hasta dónde negociar?

Para establecer aproximaciones constructivas con el obsesivo, hay que buscar el camino del medio: ni entrega ni provocación, más bien acuerdos racionales y terapia especializada. La ventaja en estos casos, a diferencia de lo que ocurre, por ejemplo, con los narcisistas y los antisociales, es que el individuo obsesivo-compulsivo sufre bastante con su manera de ser y esto lo motiva a solicitar ayuda profesional. En mi experiencia, he visto mejorías considerables en casos no tan graves, sobre todo si el obsesivo ama mucho a su pareja y no quiere perderla. Recordemos que aquí la alteración no radica en que no haya amor o capacidad de amar, sino en las exigencias irracionales que tratan de imponer. Por ejemplo, su poca expresión de afecto está más relacionada con un exagerado autocontrol emocional que con el desamor en sí. Entonces, si hay buena disposición, poco a poco, un terapeuta podría ir flexibilizando las exigencias perfeccionistas del paciente y proponerle una nueva visión del mundo, mientras que, a la par, le irá enseñando técnicas de manejo de la ansiedad y estrategias de resolución de problemas, entre otras. Obviamente, nunca tendrás una pareja con la chispa del sujeto histriónico ni el relajo de los extrovertidos, pero muy posiblemente se pueda agregar algo de emotividad a la razón pura que los caracteriza y ablandar su rigidez mental.

Si la necesidad por mantener el orden, la avaricia y la expresión de afecto van cediendo, es posible que con paciencia se pueda recomponer la relación. Una señora me resumía las mejorías de su esposo después de casi un año de trabajo: "Sin duda ha cambiado mucho, ya aceptó repartir mejor los gastos, ya no revisa si la casa está sucia ni se la pasa acomodando cosas. Se ha vuelto menos moralista y más flexible con los horarios... En fin, la relación está mejor... Pero hay dos cosas que le faltan todavía: reírse más y que podamos hacer el amor de otra manera". Cuando le pregunté de "qué manera", me respondió: "No es que yo quiera cosas raras, pero me gustaría que no lo hiciéramos siempre en el mismo lugar, en la misma posición, el mismo día y a la misma hora". En una sesión posterior, cuando le comenté lo que su mujer quería, el hombre me expresó que esos puntos no eran negociables ya que sin esos requisitos no podía tener erecciones ni alcanzar el orgasmo. Detrás de este bloqueo, se escondía un curioso ritual y un sinnúmero de señales de seguridad que solo le permitían funcionar de esa forma. Sin embargo, con el tiempo y bastante esfuerzo de su parte, logró ensayar otras posiciones y cambiar las fechas, pero la hora y el lugar fueron inamovibles. Cada quien evalúa hasta dónde llega y qué está dispuesto a entregar. Todos los psicólogos recomendamos que la dignidad y la autoestima nunca deben ser negociadas, porque hasta el amor tiene límites. Tú decides.

Cómo reconocer el estilo obsesivo antes de enamorarse

Con todo lo dicho hasta aquí, supongo que ya tendrás una idea bastante clara de lo que implica relacionarse con un individuo obsesivo. Aún así, señalaré los aspectos más relevantes a tener en cuenta en los primeros encuentros para reconocer el estilo en cuestión. No debes olvidar que estarás frente a lo que se considera "un buen partido", boyante de virtudes aparentes y altamente apetecido por la cultura casamentera. Te recuerdo que el sujeto obsesivo no carece de cualidades, su problema es que las lleva al límite, las exagera y entonces se trasforman en antivalores. Trabajar es bueno; ser adicto al trabajo no lo es. Mantener un orden ayuda al desempeño; ser esclavo de las reglas es una enfermedad. Es bueno tomar algunas cosas en serio, pero no todas. Así, podríamos referirnos a todos los aspectos que conforman la personalidad obsesivo-compulsiva y señalar sus excesos.

Algunas de las siguientes pautas pueden servirte como guía:

» Estará pendiente de los errores que cometas, así no te haga ningún comentario.

» Se quejará del servicio de donde estén y buscará más los defectos que los aciertos.

» Su atención estará focalizada en los detalles y perderá de vista la totalidad de los hechos.

» Sentirás que hay un exceso de "razón" y un déficit "sentimental": todo pasará por el tamiz de la racionalización.

» Tendrás la impresión de estar frente a una persona moralista.

» Si te sales de las normas en algún sentido, serás evaluada o evaluado como potencialmente peligroso.

» Si salen a comer, revisará la cuenta una y mil veces.

» No soportará que las cosas no estén en su sitio como "deberían". Habrá un orden especial en su hábitat y en sus acciones.

» Se hará cargo de todo, te recomendará qué hacer y tomará el liderazgo.

» Podrás observar que nada queda al azar o la improvisación; todo estará perfectamente calculado.

» Notarás que es una persona de pipa y guante totalmente organizada en su vestimenta e incluso en sus
movimientos.
» Será sumisa frente a la autoridad.

Cuando la persona obsesivo-compulsiva eres tú: algunas consideraciones

Queda claro que si no cambias, las personas que están a
tu lado tendrán un costo emocional muy alto, debido
al estrés que produce tu manera de ser. ¿Cómo quieres tener una buena relación afectiva si limitas y pones
bajo observación a la persona que amas como si fuera
un experimento? Nadie resiste la dominación y la crítica
permanente, ni siquiera tú mismo. La reacción natural al
acoso perfeccionista tiene dos posibilidades: irritabilidad
o escape.

Si quieres producir tu propia revolución de vida, necesitas reestructurar tus valores y entender que la felicidad nada tiene que ver con la búsqueda de la certeza y el
alto rendimiento. ¿Habrá algo más dañino para el amor
que la tríada obsesiva? Imperativos coercitivos, reglas
irracionales y exactitud desmedida. Lo contrario tranqui-
liza cualquier relación: espontaneidad, libertad de elección y el derecho a cometer errores sin ser sancionado.
Los mejores momentos de la vida son aquellos en que
la mente se apacigua y nos importan muy poco o nada
el futuro y el pasado, precisamente allí donde pasas la
mayor parte del tiempo. Si tu caso es severo o incluso
moderado, debes buscar ayuda profesional para darle
un vuelco a tu manera de procesar la información: ser
más flexible, no magnificar las cosas, generalizar menos y

eliminar el miedo a perder el control. Se trata de soltarte. Descontrolarse a veces es saludable, lo cual significa que le des más cabida a la emoción y que aprendas a "perder el tiempo", en el buen sentido. Quizás no sea productivo para tu bolsillo, pero lo será para tu salud mental y para las personas que quieres.

Es posible que en tu pasado hayas estado sometido a una educación punitiva y extremadamente inflexible, donde tus padres hicieron del rendimiento el "buen comportamiento" y del autocontrol una forma de vida. La interiorización de estos patrones estrictos hace que las personas desarrollen miedo a salirse de las normas morales y psicológicas. Exagerar los principios es tan perjudicial como no tenerlos. Otra posibilidad es que hayas estado sometido a modelos altamente perfeccionistas, reales o imaginados. Dicho de otra forma: si tu educación estuvo determinada por un culto a la responsabilidad y un rechazo a los impulsos naturales, habrán encapsulado tu personalidad. No te tomes tan serio a ti mismo o a ti misma: la "solemnidad interpersonal" apaga el amor; la irreverencia juguetona lo reanima.

CAPÍTULO 6

ESTILO ANTISOCIAL-PENDENCIERO
EL AMOR VIOLENTO

¿Es usted un demonio? Soy un hombre.
Y por lo tanto, tengo dentro de mí todos los demonios.

GILBERT KEITH CHESTERTON

Jamás es excusable ser malvado,
pero hay cierto mérito en saber que uno lo es.

CHARLES BAUDELAIRE

El estilo antisocial es una forma de antiamor (la otra corresponde, como veremos, al estilo esquizoide). Según algunos filósofos expertos en el tema, las características que definen esta personalidad se hallan íntimamente ligadas a una especie de "maldad esencial" que bloquea cualquier tipo de aproximación afectiva. Desde un punto de vista ético, se consideran "idiotas morales", es decir, personas incapaces de reconocer los derechos de los demás. No es una buena carta de presentación para un pretendiente, menos aún si tenemos en cuenta que estos individuos tienden a violar las normas sociales, son extremadamente impulsivos, irresponsables y, con frecuencia, presentan comportamientos fraudulentos e ilegales. Pero lo verdaderamente sorprendente es que consiguen pareja, se casan y tienen hijos.

Si en el estilo paranoico la cuestión es cómo "vivir con el enemigo", aquí se trata de cómo "sobrevivir al depredador". Y no me refiero necesariamente a los asesinos en serie, sino a los que, teniendo un estilo antisocial, están insertados en nuestra sociedad como personas de bien, cuando en realidad son una amenaza para cualquiera. No importa la categoría en que se ubiquen: estafadores de guante blanco, adictos al peligro, fanfarrones, temerarios o abusadores, todos guardan el núcleo duro de la destrucción interpersonal, todos cosifican a los demás, no importa cuanto amor juren.

Carmen conoció a Antonio cuando estaba a punto de ser abogada. Él era profesor de la universidad y le llevaba veinte años de edad. Aunque el hombre se había casado tres veces y tenía cuatro hijos de los otros matrimonios, eso no pareció importarle mucho a Carmen, quien se sintió fascinada por el estilo arriesgado e irreverente que mostraba Antonio. En una entrevista posterior, ella confirmó este aspecto: "Creo que me enamoré de su energía y de sus ganas de disfrutar de la vida. Había tanta pasión en él...". Al poco tiempo, ella quedó embarazada y decidieron casarse. Por desgracia, los problemas no tardaron en aparecer. Lo primero que le llamó la atención a Carmen fue la despreocupación de Antonio por el niño que venía en camino. Sus "ganas de vivir" contrastaban marcadamente con la frialdad que mostraba ante el embarazo. No la acompañaba al médico, nunca le preguntaba cómo se sentía y, "para no molestarla", se había ido a dormir a la biblioteca. Y fueron apareciendo más cosas. Pese a la estrechez económica, un día él llegó a la casa con una gran sorpresa: ¡había comprado un automóvil de carreras para competir profesionalmente! Ella le hizo ver que no tenían cómo pagarlo y lo convenció de que lo devolviera. En otra ocasión, se gastó el dinero del sueldo en una enciclopedia de cien tomos que no cabía en el apartamento. Cuando nació el niño, el hombre siguió impávido y lejano, pero comenzó a ser agresivo con ella. Un día la golpeó con una silla y le rompió la clavícula. Esto hizo que la familia de Carmen interviniera y se la llevara, pero al ver que iba a perderla, Antonio lloró, pidió perdón y juró que acudiría a un grupo de ayuda terapéutica, cosa que nunca hizo. Dos meses después del incidente, lo echaron de la universidad porque descubrieron que tenía un romance con una estudiante, a quien no volvió a frecuentar porque Carmen lo amenazó nuevamente con separarse. Por esa época, empezaron a intimidarlo por teléfono debido a unas deudas que adquirió con unos apostadores de caballos. Ella salió en su defensa y pagó todo con sus ahorros y un dinero prestado. A lo anterior, hay que sumarle siete accidentes automovilísticos menores y un atraso de tres meses en el pago de la cuota del apartamento, que los tenía al borde del desalojo. En fin, la lista de los comportamientos ilegales e irresponsables de Antonio era bastante considerable.

Además de este panorama truculento y agotador para cualquiera, Carmen tenía que lidiar con los gustos sexuales de Antonio, que no eran nada convencionales. Siempre quería experimentar cosas nuevas y llegaba con propuestas alocadas de todo tipo, a las cuales ella accedía porque eran los únicos momentos en que lo veía relajado y con algunas muestras de cariño. En una sesión, Carmen resumió su problema de pareja de la siguiente manera: "No es que él no me quiera por ser como soy. Ya me di cuenta: el problema es que no sabe querer. Nunca le enseñaron a respetar a los demás, no comprende ni entiende el dolor ajeno. No es un buen papá ni un buen esposo, lo único que desea en la vida es pasarla bien y no aburrirse. Desde aquella vez que amenacé con denunciarlo, no me ha vuelto a pegar, pero cuando se pone furioso me insulta y ha llegado a empujarme. Quiero separarme de él, pero le tengo miedo. Últimamente, me ha dicho que si lo dejo, me mata y se mata, y yo creo que es capaz. Tengo la esperanza de que con algún tipo de ayuda, él cambie...".

Tanto en la vida como en el amor, a veces, la esperanza es lo primero que hay que perder. Esperar a que Antonio sufriera una transformación radical era tan probable como que alguien ganara la lotería tres veces seguidas. De todas maneras, la suerte favoreció a Carmen. El hombre, de tanto picar aquí y allá, encontró un reemplazo y se fue con otra mujer. Después de cuatro años de sufrimiento, Carmen finalmente quedaba libre y con la secuela típica que acompaña estos casos: "No quiero saber más nada del amor". Una "amorofobia", que debe interpretarse como una respuesta natural del organismo para sanarse y olvidar lo malo.

La telaraña del amor maligno

La esencia del amor maligno es la cosificación del otro. Supone convertir a las personas en objetos de uso múltiple y desprenderse de cualquier responsabilidad frente a la existencia ajena. Estar con alguien porque satisface algunas necesidades básicas, pero no más: no hay vínculo, solo aprovechamiento transitorio y explotación. El estilo antisocial se opone al sentimiento de compasión por los demás seres vivos; es lo contrario del altruismo, su opuesto natural. Recuerdo a un paciente de catorce años que tenía la costumbre de meter animales vivos en el horno microondas y observarlos. En una sesión, esta fue la descripción que me hizo: "La última vez metí al gato... Lo que sentí fue curiosidad más que nada; sin embargo, cuando el animal estalló, me sentí eufórico... Era como un triunfo, ¿me entiende? Me di cuenta de que tenía el poder de eliminar lo que Dios creó... Y bueno, estamos a la par...". Obviamente, este grado de "placer por el sufrimiento ajeno" solo se ve en casos extremos. De todas maneras, el desprecio que el estilo antisocial genera por los otros, casi siempre, termina en un maltrato cruel y sostenido, ya sea físico, psicológico o emocional. La pareja no va al microondas, pero es degradada moralmente o explotada sin conmiseración.

La telaraña afectiva del estilo antisocial se teje sobre la base de tres esquemas profundamente patológicos y dañinos: "No me interesan tu dolor ni tu alegría" (*cosificación afectiva*), "Te lo tienes merecido, ¿quién te manda a ser débil?" (*desprecio/maltrato*) y "No tengo ninguna obligación contigo" (*irresponsabilidad interpersonal*).

"No me interesan ni tu dolor ni tu alegría"

El egocentrismo del antisocial no responde como en el caso del narcisista a una creencia de grandiosidad que lo hace sentir único y especial, sino a un estado del "yo", donde no hay nadie más: estoy solo para enfrentar la vida. Recordemos que el narcisista precisa del halago y el reconocimiento para mantenerse vivo. En cambio, el antisocial se basta a sí mismo y, por eso, cuelga a la gente de un llavero, la lleva y la trae como una "cosa", sin esperar ningún tipo de aprobación. En general, el antisocial no necesita de la gente para fortalecer su autoestima. Los demás, por definición, son "superfluos" o prescindibles, a no ser que puedan ser utilizados en algún sentido. El término "superfluo" fue utilizado por Hannah Arendt en el libro *Los orígenes del totalitarismo*, para referirse al "mal radical" que demostraban los nazis frente a los judíos.

Esta terrible sensación de no existir para el otro me la explicaba concienzudamente una mujer víctima de un hombre antisocial: "Él no pelea conmigo ni me hace la vida imposible con alegatos y agresiones. No se trata de eso, más bien actúa como si yo no fuera una persona, como si no existiera… Y no se trata de desamor, es algo peor, pero no encuentro las palabras… Bueno, quizás esto lo explique: literalmente, soy un cero a la izquierda, mi ser carece de cualquier valor para él". Supongo que la sensación de mi paciente debe haber sido similar a la que sentían los judíos en los campos de extermino o los torturados bajo cualquier régimen dictatorial. Fríos de corazón, así se les llama a los sociópatas. ¿Como sobrevivir a una relación afectiva sin la dimensión ética el amor? ¿Cómo amarte si no ves la humanidad en mí?

Podría argumentarse que algunos individuos antisociales parecen amar de verdad a ciertas personas de su entorno. Sin embargo, un análisis más profundo nos enseña que estos "amores" son tan utilitarios y tan carentes de sensibilidad que terminan adoptando unos formatos afectivos destructivos y sui géneris. Un hombre mujeriego y muy adinerado me decía con plena convicción: "¡Le juro que, de todas mis amantes, es a la que más quiero! ¡No es justo que me rechace así!". Por ejemplo, en algunas subculturas violentas donde las personas son consideradas "desechables" y no parece haber más futuro que el día a día, muchos sicarios que dicen amar a sus madres y hermanas llevan sus fotos como amuletos de buena suerte antes de cometer los asesinatos, así las maltraten y las desprecien con anterioridad. Algunos, incluso, les piden la bendición luego de insultarlas. Amor sospechoso, sin duda, porque usar a una persona no es amarla.

"Te lo tienes merecido, ¿quién te manda ser tan débil?"

Lo explicado en el apartado anterior nos lleva a la siguiente pregunta: ¿a quiénes "respetan" los individuos antisociales? En realidad, ¿respetan a alguien? Pues sí, la lucha del más apto hace que se inclinen ante los más fuertes o aquellos que podrían vencerlos. Depredador respeta depredador: así funciona el ordenamiento territorial. Los que ostentan el estilo antisocial se perciben a sí mismos viviendo en una selva prehistórica donde deben sobrevivir a cualquier precio. Para ellos, la vida es un privilegio que solo merecen los más aguerridos y combativos, los que llegan a la cima de la cadena evolutiva. Esta visión del mundo es inaceptable para cualquier sociedad civilizada, porque llevaría a pensar que las víctimas merecen ser víctimas, al ser débiles e incapaces. La filosofía de la supremacía racial partía de un principio similar: la naturaleza premia a los poderosos y castiga a los flojos y enclenques. Si llevamos lo anterior al terreno afectivo, podríamos llegar a concluir algo tan descabellado como lo siguiente: si tu pareja es más fuerte y más agresiva que tú, estarás por debajo en el escalafón biológico y, por lo tanto, ella tiene el derecho a aplastarte como se le dé la gana. En plena sesión, un hombre con estas características, al ver que su mujer le contestaba y no se quedaba callada ante sus insultos, me recriminaba mi poca solidaridad de género: "¡Cómo se queda usted tan tranquilo y callado! ¡Usted es hombre! ¿No ve que se me está *igualando*?".

Hay cierto delirio de omnipotencia en los individuos antisociales que se manifiesta en una lógica de "dominación total": el poder aplastante de un lado y la aceptación pasiva por parte de la víctima del orden jerárquico. Recuerdo el caso de un hombre con estos rasgos, que se agarró a puñetazos con un grupo de jóvenes porque habían piropeado a su compañera. En una consulta le pregunté: "Bueno, si la defiende tanto, debe ser porque usted piensa que ella vale la pena, ¿o no?". Su respuesta me dejó perplejo: "En realidad, fue como si me rayaran el automóvil. Ella es mía y esos idiotas querían meterse conmigo; es así de sencillo". Volví a insistir: "¿Usted la ama, siente algo por ella?". Se quedó pensando en el tema como si nunca lo hubiera hecho antes y, finalmente, concluyó: "No tengo idea".

La dominación total conlleva tanto al *menos*precio como al *des*precio por el otro. Aunque ambas palabras pueden considerarse sinónimos, vale la pena hacer una diferencia de grado en lo que a rechazo se refiere. Por ejemplo, el narcisista tiende a menospreciar ("Soy más que tú y tú *vales menos*"), pero el antisocial tiende más a despreciar que a subvalorar al otro ("Estoy por encima y tú *no vales nada*"). Volvemos a la cosificación del prójimo como filosofía de vida. Amar a un antisocial es morir dos veces: como persona jurídica, ya que pierdes el "derecho a tener derechos", y como sujeto moral, porque destruyes tu identidad y te despersonalizas. Y no debemos imaginarnos necesariamente un cúmulo de agresiones físicas y ojos morados, la estrategia del estilo antisocial para someter a sus parejas, degradarlas y anular sus iniciativas puede ser muy sutil y pasar desapercibida a simple vista. Recordemos que la mayoría de estas personas poseen un cociente intelectual alto y aunque sean impulsivas, también son manipuladoras y premeditadas a la hora de actuar.

Después de un tiempo de relación, las parejas de los antisociales pierden su energía vital y se tornan extremadamente conformistas y resignadas a su suerte. En ellas, se manifiesta una curiosa forma de disociación mente-cuerpo: saben que deben escapar y salvarse, pero su físico no reacciona. La adrenalina pierde el poder de impulsar el organismo hacia la libertad y la mente adopta la típica actitud de la desesperanza aprendida. En algunos casos, esta inercia esencial suele estar acompañada de un amor intenso hacia el verdugo.

Una mujer, amante de un mafioso con marcados rasgos antisociales, era incapaz de salirse de la trampa en la que estaba y no porque el hombre la hubiera amenazado alguna vez con matarla si se iba (tenía otras y ella no era una de sus preferidas), sino porque había perdido toda capacidad de decisión. El hombre la acosaba, la usaba y la confinaba físicamente, sin que ella reaccionara en lo más mínimo; tristemente, había interiorizado su condición de objeto. Cuando su madre la trajo a mi consulta, la encontré muy mal y sugerí que la internaran, pero decidieron postergarlo. Una semana después, el hombre fue apresado por la ley, pero ella siguió asistiendo a las sesiones. Después de unos meses, con la cabeza más fría y sin tanto trauma, me hizo la siguiente retrospectiva: "Yo no pensaba, respondía automáticamente a lo que él me decía. En el fondo, me sentía orgullosa de ser su amante, así me maltratara. Sus ideas eran órdenes, sus necesidades eran mis necesidades y aunque él tuviera otras mujeres, yo le era leal en todo. Hubiera dado mi vida por él, incluso la puse en riesgo en más de una ocasión para darle gusto. Usted me preguntó si lo amaba y debo ser honesta: creo que sí, pero era como amar al verdugo… Nunca me dijo que me quería, jamás fue tierno conmigo, jamás hubo un abrazo afectuoso… Ninguna vez me preguntó qué sentía ni qué quería, nunca supo el día de mi cumpleaños, ni conoció a nadie de mi familia. Yo no tenía historia para él… Era una muerta en vida…".

"No tengo ninguna obligación contigo"

En el estilo antisocial, la culpa o el remordimiento no tienen cabida. Los efectos negativos y destructivos que sus acciones tienen sobre los demás no son procesados correctamente: "Lo hecho, hecho está". La idea del compromiso no existe y menos aún el concepto de las obligaciones adquiridas, llámense laborales, conyugales o económicas. No escucharán reclamos, porque no se asume como propia la competencia ni la conciencia del hecho. La incapacidad de dudar sobre lo que uno dice o hace genera una ilusión de control de serias consecuencias morales. Por ejemplo, no habrá lugar para la reparación, la autocrítica o un diálogo democrático. El más crudo autoritarismo impregna sus mentes: "No necesito justificar ni responsabilizarme por mis actos". ¿Cómo llevar adelante una relación donde el otro no asume ningún compromiso porque piensa que simplemente no le corresponde? No se puede.

Es importante destacar que esta incapacidad de establecer de manera confiable acuerdos y contratos no corresponde a la rebeldía del pasivo-agresivo que, pudiendo ser responsable, decide no serlo como un acto de protesta ante la supuesta ingerencia de la pareja. La irresponsabilidad del antisocial no nace de la oposición, sino de una ausencia del ser consciente. No decide ser irresponsable, lo es "naturalmente", es la ley de la vida la que lo exime. El pasivo-agresivo posee un lado dependiente que lo empuja a buscar y reclamar seguridad en los demás. Esto no suele ocurrir en los sujetos antisociales, cuya base segura no la ubican en el prójimo sino en el monopolio de la fuerza.

¿Por qué nos enganchamos en una relación antisocial? La seducción del guerrero

Para comprender por qué una persona aparentemente sana e inteligente se engancha en una relación antisocial, hay que considerar dos factores:

a. Los individuos antisociales, hombres o mujeres, son especialmente encantadores y seductores durante la conquista e incluso después. Pura piel de oveja, pero les resulta.

b. Ciertas personas encuentran en el estilo antisocial una forma de compensar sus carencias. Como veremos a continuación, algunos comportamientos típicos de los antisociales resultan muy atractivos e incluso "dignos de admiración" para quienes poseen ciertas vulnerabilidades específicas.

Si posees alguno de los tres esquemas maldaptativos que verás a continuación, es probable que el estilo antisocial termine por atraerte. Cabe señalar que los tres están íntimamente relacionados y, en ocasiones, la presencia de uno de ellos conlleva a la aparición del otro. Con fines didácticos y para que pueda observarse mejor su dinámica, he decidido mostrarlos por separado. El conjunto de estos atributos constituye, en gran parte, el "paradigma del héroe" (o la heroína), un mito que todavía permanece en los imaginarios sociales y se manifiesta en los siguientes valores: fortaleza, valentía y el gusto por la aventura. Veamos cada una de estas necesidades: "Necesito una pareja que me defienda", "Necesito a alguien valiente a quien admirar" y "Necesito sentir emociones fuertes".

Debilidad crónica: "Necesito una pareja que me defienda"

Algunas personas no buscan a quién amar, sino un guardaespaldas afectivo. Los que se sienten incapaces de enfrentar la vida por sí mismos necesitan a alguien que les garantice una base segura en la cual se sientan protegidos. Esta autopercepción de *debilidad* crónica encuentra en el antisocial el apoyo de una fortaleza y un poder claramente llamativo. El sueño del Supermán o la Superniña personal está íntimamente relacionado con la baja autoeficacia y una estructura de dependencia del soñador. Una adolescente me señalaba las ventajas que le ofrecía su novio: "¿Qué más puedo pedir? Es fuerte, seguro de sí mismo, la gente lo respeta... Incluso le tienen un poco de miedo y eso me agrada. Nadie se meterá conmigo, me siento con un verdadero hombre a mi lado...". Machismo funcional y a la carta. ¿Quieres un hombre o un guerrero? ¿Una mujer o una amazona? El que es pendenciero de alma necesita los alegatos y las peleas para justificar su modo de vida; es a través de los golpes que se abre paso y se reafirma. El problema empieza a gestarse cuando no hay batallas a la vista y lo más parecido a un enemigo es la persona que tiene a su lado. Estar muy próximo a un antisocial es como alimentar un tigre salvaje: no sabes qué hará contigo cuando tenga hambre.

En determinados grupos sociales donde la violencia forma parte de la vida cotidiana, las personas antisociales suelen ser las más apetecidas por el sexo opuesto, ya que tienen mayores posibilidades de sobrevivir. En este caso, el amor será un tanto utilitarista porque estará directamente relacionado con la posibilidad de defenderse de los agresores. Y si subimos de estrato social, la cosa no cambia mucho, aunque adopta una presentación más elegante. Aquí, la dureza física se reemplaza por la dureza en los negocios y la capacidad de liderar grupos financieros y comerciales. Da lo mismo; mientras existan personas que se consideren frágiles en algún sentido o desamparadas, los que aparenten ser "seguros de sí mismos" y exitosos serán altamente cotizados en el mercado afectivo. Una mujer me decía: "Me gusta verlo cuando entra en un restaurante y todos se desviven por atenderlo o cuando da órdenes a sus subalternos en la empresa. Tiene una clase especial que no se la dio la cultura ni los estudios, nació para estar por encima y mandar... Le queda bien la pose de bravucón exitoso y hasta yo le quedo bien; estoy hecha a su medida". Me pregunto: ¿qué ocurriría si el marido de esta mujer sufriera una depresión y pasara de ser el "gran hombre" a ser un hombre inseguro, débil y psicológicamente menos poderoso? ¿El amor le quedaría chico? ¿Ella se lo perdonaría?

Depreciación del miedo:
"Necesito a alguien valiente a quien admirar"

Nadie niega que el espíritu aventurero y arriesgado sea uno de los tantos valores que han hecho avanzar a la humanidad. Incluso si pensamos en la propia vida, encontraremos que la gran mayoría de nuestros logros han estado directamente vinculados a una actitud valiente y retadora. Los desafíos nos mantienen actualizados y motivados para el crecimiento. Sin embargo, estas ventajas se pierden cuando nos pasamos de revoluciones y caemos en la imprudencia y la insensatez. Los antisociales más que valientes son temerarios, no evalúan el peligro real y convierten la audacia en una actitud irresponsable que pone en peligro la integridad propia y ajena. El coraje, decía Aristóteles, es un punto medio entre la cobardía (el miedo irracional) y la temeridad (no procesar el peligro). En realidad, no es que el valiente no tenga miedo, sino que escapa cuando debe hacerlo. El individuo antisocial se encuentra en el extremo de la temeridad, ya que no procesa adecuadamente el miedo: lo ridiculiza o simplemente no lo detecta. Cualquiera que sea el motivo, uno de los rasgos que más lo identifica es mantener una vida al límite. No es difícil deducir que si una persona deprecia el miedo y lo ve como un síntoma de flaqueza, considerará la actitud temeraria del antisocial como un atractivo interesante. Fácilmente confundirá su incapacidad de "leer adecuadamente el peligro" con la intrepidez del valiente.

Recuerdo que en mi juventud conocí a una bella joven a quien intenté conquistar a la vieja usanza. Muchas visitas domiciliarias, calenturas de sillón y salidas esporádicas. Todo iba viento en popa hasta que un día fuimos a la finca de un familiar de ella, cuya mayor atracción eran los caballos, por los cuales siempre he sentido cierta fobia. Para ser sincero, nunca entendí qué le ven de lindo a un caballo. Yo los percibo como perros gigantes a los cuales me tengo que subir. Aunque traté de disimular mi aprensión, la cuestión se hizo evidente cuando el animal que me tocó en suerte decidió ir en dirección contraria a la que iban los demás y yo empecé a pedir auxilio. En realidad, parecía un caballo pasivo-agresivo. Al poco rato, tuve un verdadero ataque de pánico y la gente del paseo se devolvió hasta donde yo estaba, me bajaron junto a un pastizal y me dieron agua para tranquilizarme, ante la mirada atónita de mi pretendida. Obviamente, después de semejante "oso", nunca más quiso verme. Quizás si mi personalidad hubiera tenido una pizca de psicopatía, a lo mejor, algo hubiese cuajado.

Adicción al peligro:
"Necesito sentir emociones fuertes"

La historia está llena de parejas donde los dos muestran rasgos antisociales. Relaciones afectivas que terminan pareciéndose más a una sociedad para delinquir que a un nido de tórtolos. Algunas de estas relaciones afectivo/ ilegales mantienen un vínculo de igual a igual, donde no hay dominadores ni dominados, tal como fue el famoso caso de Bonnie y Clyde, donde ella (Bonnie) disparaba, robaba bancos y era tan activa y agresiva como él. En otros casos, la relación dominancia/sumisión estaba claramente determinada y, por lo general, era la mujer quien cumplía el papel de ayudante y partidaria fiel. Por ejemplo, el renombrado caso de los años ochenta de Alton Coleman y su novia Debra Brown, quienes recorrieron varias ciudades de Estados Unidos y, en menos de dos meses, cometieron todo tipo de violaciones, robos y asesinatos. Él era el guía y ella la adepta obediente.

Las personas antisociales, al igual que algunas personalidades muy extrovertidas, necesitan tener emociones intensas para sentirse vivas y "equilibradas": les gusta oír música en los más altos decibeles, manejar rápido, ensayar distintos tipos de drogas, tener sexo fuerte o lanzarse en paracaídas, en fin, si pudieran vivir en una montaña rusa lo harían. No solo tienen una baja tolerancia a la frustración, que los lleva rápidamente a la agresión, sino que también mantienen una baja "tolerancia al aburrimiento", que los impulsa a buscar conductas extremas para sentir más. La estimulación plana, predecible y calmada los estresa y los descompensa; de ahí su adicción a los peligros.

No es de extrañar entonces que las personas que muestren interés por los estímulos variados, recurrentes e intensos encuentren en los antisociales un compañero o compañera de aventuras altamente sensorial. Una adolescente describía así su nueva conquista: "Es un loco simpático, le gusta el riesgo como a mí y todo lo vive intensamente como si fuera el último día de su vida. Encajamos perfectamente...". Amor a cien kilómetros por hora y en caída libre. ¿Cada día una fiesta? Tengo mis dudas. Si alguien vive en pareja sabe que habrá tantos momentos de aburrimiento como de alegría. Eso es lo normal, a no ser que tu pareja sea experta en recreación. Obviamente, este estilo de vida alocado sería una tortura china para un sujeto introvertido o con rasgos obsesivos, tan apacible como cuidadoso. Si el prototipo del estilo histriónico/teatral y limítrofe queda representado por Glenn Close en la cinta *Atracción fatal*, el modelo del estilo antisocial se lo pelean dos candidatos altamente calificados y con iguales méritos: Sharon Stone en *Bajos instintos* y Anthony Hopkins en *El silencio de los inocentes*. Matar, amenazar, autolesionarse, ser caníbal y violar normas es, sin duda, una vida agitada y muy animada.

Convencer a un antisocial de que no viva en la cuerda floja, así no se llegue a los extremos cinematográficos mencionados, es prácticamente imposible. Es verdad que con los años la testosterona baja y las ganas por la adrenalina también, pero las personas antisociales se resisten a tal pacificación del ánimo y seguirán insistiendo en tener experiencias fuertes. Parecería que ya estuviera incorporado en su ADN. La adicción por las emociones

intensas y la incapacidad de autocontrolarse suelen tener unos orígenes bastante traumáticos y patológicos
(v.g. maltrato infantil, abandono, abuso sexual) y que,
la mayoría de las veces, los pacientes no pueden resolver. Un antisocial de verdad se siente orgulloso de ser así
y además lo disfruta; ¿por qué cambiar entonces? Los
trastornos donde el sujeto se siente bien con su patología y no quiere modificar su comportamiento se conocen
como egosintónicos, y los que sufren y quieren cambiar se
denominan egodistónicos.

Recuerdo el caso de una mujer casada en segundas
nupcias con un hombre tranquilo, trabajador y buen padre. A lo largo de las sesiones, ella me reveló que vivía
aburrida y que no hacía más que pensar en su novio anterior: "Yo sé que ahora estoy en paz, quiero a mis hijos,
tengo un trabajo, un buen marido, en fin, llevo una vida
organizada... Pero no sé, en lo más profundo de mí, extraño todas las locuras que compartí con Carlos... ¡Todo
era tan vívido y penetrante! Cada día era una aventura,
hacíamos lo que queríamos y sin obligaciones de ningún tipo. Las experiencias de vida que más me marcaron
fueron en aquella época. Me gustaría que mi marido se
pareciera un poco a mi ex o que al menos perdiera la cordura de tanto en tanto... Creo que me fui de un extremo
para el otro y no encuentro el punto medio". Actualmente,
Carlos está preso y no saldrá hasta dentro de quince años.
Si mi paciente sigue así, en quince años habrá un encuentro inevitable y es muy probable que el volcán apagado
que reside en ella se reactive con toda la potencia. Remi-
niscencias de una mente que no se halla a sí misma y quiere vivir el amor de una manera más rabiosa y ardiente.

¿PODEMOS RELACIONARNOS SALUDABLEMENTE CON UNA PERSONA ANTISOCIAL?

La estructura psicológica del antisocial ataca el corazón mismo del amor y lo pervierte. El núcleo duro se contamina bajo la influencia de unos esquemas que niegan al otro como un interlocutor válido y amable. De todo lo dicho hasta aquí, es claro que pretender alcanzar una relación saludable con alguien que carece de empatía, maltrata y es irresponsable no deja de ser una torpeza o un forma tenebrosa de suicidio asistido.

Estrategias de supervivencia afectiva

Señalaré las dos posiciones principales que la gente asume para lidiar con estos casos: los que eligen anularse a sí mismos para seguir con la persona amada y los que ingenuamente intentan enfrentar la irracionalidad del estilo antisocial con la fuerza de los argumentos. Ambas están destinadas al fracaso.

Entregarse a las pretensiones del estilo antisocial y aceptar la esclavitud como forma de vida

La creencia que rige este grupo de comportamientos es como sigue: "Si le doy gusto en todo y acepto su manera de ser sin chistar, descubrirá que me ama". Esta candidez afectiva ("Yo lo rehabilitaré o lo humanizaré") tiene un costo psicológico muy alto, porque lo que hacen las tácticas de apaciguar al otro dándole gusto indiscriminadamente es reforzar cada vez más los comportamientos negativos y dañinos. Además, el individuo antisocial interpreta los comportamientos de "buscar la conciliación" como síntomas de debilidad, lo que acentuará aún más su papel de victimario: *"Mereces* el maltrato". Similar a lo que ocurre con los narcisistas (cuanto más los ames, más crecerá su narcisismo), el sujeto antisocial incrementará su actitud despreciativa y violenta cuanto mayor sea la entrega de su pareja y de la gente en general.

Veamos algunos comportamientos que definen esta actitud:

» No proponer nada que sugiera una relación estable y comprometida.

» Frenar el maltrato por las buenas, mostrándoles que existen otras maneras de relacionarse.

» Aceptar que uno estará solo para enfrentar la vida cotidiana, ya que el otro no se hará responsable de las consecuencias de su comportamiento.

» Tener una gran autoestima para soportar los ataques y la depreciación.

» Estar dispuesta o dispuesto a experimentar cosas nuevas y variadas a nivel sexual, así no sean agradables o vayan en contra de sus principios.

» Acostumbrarse a las emociones fuertes y a tener actividades riesgosas de todo tipo.

» No intentar cambiar al otro ni dar consejos. Aceptarlo como es y dejarlo que haga pleno uso de su libertad.

» No oponerse a la infidelidad de la pareja, si la hubiera.

» No esperar expresiones de afecto ni manifestaciones de ternura.

Sería un error pensar que el método de "aquietar a la fiera" solamente aparece en algunos casos aislados. Por el contrario, la mayoría de las personas que han tenido la desgracia de apegarse afectivamente a un antisocial creen que esta táctica les permitirá reeducar emocional y moralmente a su pareja. Pero el famoso milagro de amor, al menos en mi experiencia clínica, brilla por su ausencia. Lo más conveniente es mantener una actitud realista. La máxima es como sigue: si la estrategia que has elegido para tratar de lograr una relación saludable es entregarte en el nombre del amor al antisocial de tus sueños, despierta y aterriza; él o ella no cambiarán un ápice, no importa cuánto amor, asertividad y resistencia civil apliques.

Poner a la pareja antisocial en su sitio y asumir el riesgo del contraataque

La mayoría de los que han intentado "poner a un antisocial en su sitio" han tenido que recurrir a las autoridades debido a la violencia del otro. Es más o menos como querer domesticar un dinosaurio. Y no estoy exagerando: las consecuencias para quienes se lanzan al ruedo con estos personajes son altamente peligrosas. Si lo que pretendes es restablecer el orden y equilibrar la relación por lo sano, encontrarás que no hay lado sano; cualquier intento de rebelión será repelido con agresión física o psicológica (recuerda que en el individuo antisocial ni la culpa ni el remordimiento anticipado frenan o modulan su comportamiento).

Si eliges la estrategia de línea dura para enfrentar a un antisocial, serás una piedra en su zapato y un obstáculo para que acceda a sus fuentes de placer/diversión. No lo soportará y simplemente te quitará del medio por las malas. Amarte y seguir tus indicaciones sería para él o ella aceptar el autocontrol como forma de vida, cosa que jamás hará porque su cerebro no está preparado para ponerse límites a sí mismo. Cuando se sienta presionado o presionada es muy probable que despliegue una contraofensiva, para ponerte a ti en tu sitio. Parafraseando la jerga del maltratador: intentará darte tu merecido. Piensa un momento: ¿qué sujeto antisocial soportará que le digan "no" y que la "débil" y "precaria" víctima tome el control? Pues no le entrará en la cabeza ni hasta dentro de un millón de años. Otra cosa sería que pudieras contratar a *Los Magníficos* o a *Los cuatro fantásticos* para que salgan en tu defensa, pero aún así, sería poco gratificante mantener una relación donde el respeto por los derechos humanos deba obligarse por la fuerza. Eso nace o no sirve. La conclusión es, evidentemente, pragmática: no tiene mucho sentido que emprendas una cruzada para humanizar a tu pareja y enseñarle que además de no castigarte debería ser sensible a tus necesidades.

¿Hasta dónde negociar?

No hay mucho qué decir. La esencia del estilo antisocial, su desprecio por los demás, la tendencia a la explotación y la actitud pendenciera y agresiva hacen imposible una relación saludable y constructiva. No niego que dos personas antisociales o un antisocial en pareja con alguien que posea un estilo limítrofe, como veremos más adelante, puedan congeniar en la búsqueda de emociones fuertes o en actividades delictivas, pero esta asociación está muy lejos del amor que todos buscamos y que consiste en vincularnos por lo bueno y no por lo malo. Unir patologías es crear una patología mayor.

Para cualquiera que no desee someterse al otro y tenga una pizca de amor propio, es insostenible el amor violento, así no sea extremo. ¿Cómo amar a quien te maltrata "un poco"? ¿Cómo estar con alguien que te utiliza y solo se interesa en ti para sacar algún provecho? No se puede tener una vida digna, así parezca "amorosa", si el otro pretende someternos y cosificarnos. ¡Esto es tan evidente y tan difícil de comprender para algunos enamorados!

¿Qué negociar entonces? Poco o nada. Hay una resignación saludable a la cual hay que apelar en estos casos: "Ya no invierto aquí". Corre en la dirección contraria a la que indica el corazón enamorado. Y no evalúes el escape como una manifestación de cobardía, sino como un acto de supervivencia.

CÓMO RECONOCER EL ESTILO ANTISOCIAL ANTES DE ENAMORARSE

Hay cierto desparpajo en la conquista antisocial. Durante el proceso de seducción, en el antisocial se producen dos fuerzas encontradas: la impulsividad que lo lleva a "tomar lo que quiere" sin consideración alguna y la conciencia de que cualquier aproximación con el sexo opuesto implica persuadir y cautivar al otro por las buenas. Lo primitivo (colonizar, invadir u "ocupar") vs. lo civilizado (convencer, atraer, cautivar). Como no son buenos en el autocontrol, es posible que afloren algunas conductas de dominancia. No es que no muestren interés, lo harán, pero a través de métodos a veces toscos o muy fuertes.

Algunas de las siguientes pautas pueden servir como guía.

» No será capaz de ponerle freno a la diversión y a las emociones placenteras.

» Buscará compartir actividades extremas e involucrarte en sus juegos. Querrá convencerte de las ventajas y de lo maravilloso que es tener experiencias al límite.

» Intentará tener sexo apresuradamente y de un modo poco convencional.

» Mostrará muy poco interés en lo que piensas y sientes. Se concentrará en aquellos aspectos tuyos en que pueda obtener placer o algún beneficio.

» Son mentirosos y manipuladores. Así que hay que estar muy pendiente: recuerda que para ellos el fin justifica los medios.

» Es posible que viole alguna regla o norma tranquilamente.

» No aceptará un "no" por respuesta y tratará de convertirte en su "cómplice".

» Le gusta mostrar su poder y deslumbrar al otro, por lo que hará alarde de su poderío, fuerza o valentía.

» Desde el comienzo, buscará que seas incondicional con sus ideas y sentimientos.

» Sentirás una mezcla de atracción y miedo que no podrás descifrar fácilmente.

» Muy rápido te darás cuenta de que te trata como un objeto.

El "amor maligno" se siente cuando nos ronda. En lo más profundo de nuestro ser sabemos si alguien es confiable o no (a no ser que tengamos un perfil paranoico y todos nos parezcan amenazantes). No creo que debamos hacer muchas comprobaciones: si los indicadores anteriores están presentes y si la esencia del otro se acomoda a lo que hemos descrito en este capítulo, ya sabes qué hacer. Revisa tus vulnerabilidades y cuando haya alguien antisocial tejiendo a tu alrededor una telaraña, sencillamente, aléjate.

CUANDO LA PERSONA ANTISOCIAL/PENDENCIERA ERES TÚ: ALGUNAS CONSIDERACIONES

No tengo mucho para decirte. Si leíste lo anterior, al menos te habrás dado cuenta de que tu estilo afectivo genera daño a los demás y que es imposible sostener relaciones saludables con personas insensibles, violentas e irresponsables. Esto es más que obvio. Pero lo que más debería sorprenderte es que, pese a tu manera de ser, siempre habrá gente que te ame. La vida te da una y otra vez oportunidades para que revises tu "yo" y cambies el modo enfermizo de relacionarte, pero insistes en tus tácticas destructivas. Las investigaciones clínicas muestran que unos pocos sujetos con rasgos psicopáticos y antisociales, mediante técnicas psicológico/morales, logran ponerse en el lugar del otro, sentir cierta culpa cuando afectan a los demás y un atisbo de compasión ante el sufrimiento del prójimo. Es una oportunidad que te ofrece la ayuda profesional, pero es difícil apostarle al cambio si no tienes conciencia plena de tu mal.

De todas maneras y más allá de la complejidad de tu estilo afectivo, el trastorno de fondo tiene una causa. El hecho de que hayas cambiado la idea de "vivir" por "sobrevivir" tiene una explicación científica. Hoy sabemos que las personalidades antisociales son el resultado de la interacción de variables biológicas y ambientales. Por ejemplo, en lo biológico, se han encontrado: factores genéticos (relacionados con la predisposición a la hiperactividad); alteraciones hormonales que producen niveles elevados de testosterona; disfunciones y alteraciones del lóbulo prefrontal, que afectan la regulación de emociones y el condicionamiento del miedo; dificultades en el flujo sanguíneo; niveles bajos de serotonina y muy altos en dopamina que determinan en gran parte los comportamientos agresivos y la impulsividad. En fin, para no complicarte mucho la cosa, no eres un caso sencillo para la neurociencia y es importante que lo sepas. No obstante, la psiquiatría, la neurología y la psicología están dispuestas a ayudarte.

Las causas ambientales giran alrededor de las pautas de crianza y tienen que ver con estrategias educativas extremas, ya sea el castigo exagerado o un "dejar hacer" sin ningún tipo de control. Quizás puedas identificar en tu pasado algunos de ellos. Es posible que hayas estado sometido o sometida a negligencia, indiferencia u hostilidad de parte de tus padres. La ausencia de una figura de autoridad o haber estado cerca de modelos delincuenciales también podría haber contribuido en la conformación del patrón antisocial. Para resumir: todo lo anterior pudo crear en ti la imagen de un mundo frío y peligroso, en el cual debías sobrevivir a cualquier costo. Bastarte a ti mismo o a ti misma.

No pretendo hacer un análisis complejo de tu situación, porque no es el objetivo del presente texto, pero sí me gustaría decirte que podrías intentar vivir mejor y sin lastimar a los demás. Vale la pena. La existencia sería menos cruel para ti y para los que te aman. Y quizás, solo quizás, logres sacar a tu pareja del estatus en el cual la

has ubicado y descubrir que no es una cosa, ni es super-
flua, ni es un objeto. Los que te aman son personas con
derechos y si los violas, la ley irá tras de ti. La gente tiene
quien la defienda, afortunadamente. Es mejor ser amigo
que enemigo. Y aunque no creo que logres entenderlo a
cabalidad, tengo la obligación de hacértelo saber.

CAPÍTULO 7

ESTILO ESQUIZOIDE-ERMITAÑO
EL AMOR DESVINCULADO O INDIFERENTE

*El peor pecado contra el prójimo
no consiste en odiarlo, sino en
mirarlo con indiferencia. Esta es la
esencia de la humanidad.*

BERNARD SHAW

La ternura es la pasión del reposo.

JOSEPH JOUBERT

Aislarse afectivamente de la pareja es una forma silenciosa de agresión. Es la otra faceta del antiamor, tan o más destructiva que el amor violento. ¿Cómo permanecer impasible frente a la inapetencia del otro? La indiferencia del esquizoide es mortal porque no tiene su origen en el ego (tal como ocurre en el narcisista) ni en la lucha por la supervivencia del más apto (como en el sujeto antisocial), sino en una desvinculación esencial: la ausencia emocional sin más razón que la ausencia misma. El estilo esquizoide es un agujero negro interpersonal donde cualquier manifestación de afecto desaparece sin dejar rastro. No hay seducción, expresiones cariñosas o acompañamiento, únicamente vacío afectivo y la necesidad de una independencia tan radical como impracticable. Algo se rompe en la mente del esquizoide que no deja captar la dimensión humana del otro. Ermitaños del amor o analfabetos afectivos, nadie llega a su fondo, nadie penetra la férrea territorialidad en la cual están enclaustrados. El estilo esquizoide se desentiende del factor humano y queda atrapado en un gregarismo insipiente donde el amor no tiene cabida.

Lo preocupante es que si bien un número considerable de estos individuos adoptan la soltería como forma de vida, algunos de ellos, buscando cuidados y beneficios, se arriesgan a establecer relaciones afectivas con personas del común que no tienen idea de lo que les espera. El viacrucis comienza cuando descubren que la persona de quien se han enamorado es lo más parecido a un zombi. El autoengaño típico de los damnificados es como sigue: "Estamos juntos, nos queremos, pero, por ahora, no hemos pensado en comprometernos; así estamos bien". Amor a media máquina, si es que lo hay. Pero la procesión va por dentro. La otra voz, la que no se oye, formula las verdaderas preguntas existenciales: "¿Será que no me ama?", "¿Me quedaré para vestir santos?" (los hombres también los visten).

Julia era una mujer de cuarenta años, enamorada de un hombre esquizoide/ermitaño, con quien había iniciado una relación desde hacía catorce años. Ella vivía sola y trabajaba como secretaria ejecutiva en un estudio de arquitectura. Rodrigo, su novio, vivía con una hermana mayor y trabajaba en una zapatería, y aunque ya estaba rondando el medio siglo de vida, nunca se había casado. Ella fue remitida a mi consulta debido a que manifestaba un trastorno de pánico que iba en aumento (percepción de no escape) y una depresión moderada (sentimientos de soledad y desamor). Estaba abatida y no le veía sentido a la vida. Al cabo de unas sesiones, su problema de pareja se hizo evidente. Julia quería tener un hijo y él estaba en otra cosa. Siempre había asumido el papel de "novia oficial", pese a que en la intimidad el asunto era muy distinto. Con paciencia y comprensión, había tratado de manejar la indecisión y la falta de compromiso de Rodrigo, que era un experto en esquivar el tema del posible matrimonio, aunque tampoco tomaba la decisión de dejarla. Para la mayoría de los sujetos esquizoides es cómodo tener a alguien que esté pendiente de ellos y les presten soporte social; pero, claro está, sin pasarse de la raya que define la distancia emocional. Por ejemplo, Julia solamente había estado en el apartamento de Rodrigo tres veces, no sabía cuánto ganaba y en qué invertía el dinero, qué planes tenía para el futuro y no conocía a ningún miembro de su familia. Aún así, ante la sociedad y los pocos amigos que tenían, se mostraban como una pareja formal y establecida. Creo que todo esquizoide guarda la inconfesable ilusión de hallar a alguien dispuesto a compartir sus respectivos agujeros negros y vivir en la más fructífera apatía.

La base de operaciones era el apartamento de Julia, donde él guardaba alguna ropa para utilizar los días que se quedaba, que tampoco eran muchos. La primera relación sexual la tuvieron a los cuatro años de noviazgo y fue cuando quedó al descubierto que Rodrigo sufría de una marcada impotencia. Los otros encuentros sexuales fueron con un promedio de cada tres o cuatro meses, pero siempre con los mismos inconvenientes y con una falta casi absoluta de erotismo. El panorama no podía ser peor.

Muchas mujeres y hombres, víctimas de un amor desvinculado, esperan que algún día su pareja "despierte" y saque a flote el amor que supuestamente tiene almacenado en alguna parte. Sin embargo, esta premisa no tiene fundamento alguno, porque el desapego y la lejanía del esquizoide no ocurren como consecuencia de una represión o un desconocimiento, sino por la simple incapacidad de procesar y codificar correctamente la información afectiva. No es una elección libre, como sería el celibato del religioso que obra por vocación o el aislamiento del sabio que obra por convicción: en el esquizoide hay un fuerte elemento de incapacidad.

Reproduzco parte de una conversación que tuve con Julia:

Paciente: La verdad es que estoy cansada… No pretendo tener una pareja perfecta ni el gran hombre, solo quiero una relación normal. Alguien que me abrace a veces, que se comprometa, que me dé amor… Él nunca ha tenido una manifestación de ternura ni me ha dicho que me quiere, no tengo intimidad afectiva ni sexual. Se lo he dicho de todas las formas, le he rogado, trato de convencerlo, de mostrarle la importancia de que se abra a sus sentimientos, pero es como si le hablara a una pared… Le digo que después de tantos años ya es hora de que nos casemos y conformemos una familia...

Terapeuta: ¿Y él que responde?

Paciente: Se queda en silencio, cambia de tema o dice que no lo presione...

Terapeuta: Debe ser muy difícil para usted amar a alguien que no le corresponde como quisiera...

Paciente: Mi autoestima está por el suelo, todo se desmorona cada día más...

Terapeuta: Entonces, ¿por qué sigue con él? ¿Por qué insiste en mantener una relación formal, casarse y tener hijos, con alguien que no está interesado?

Paciente: Porque no pierdo las esperanzas... Sé que suena estúpido, pero es así... Creo que algún día él se entregará a la relación y cuando se comprometa de verdad cambiará su manera de ser y se dará cuenta de cuánto me ama...

Terapeuta: ¿Y si él no pudiera cambiar su estilo afectivo? ¿Qué haría? ¿Sería capaz de dejarlo y darse otra oportunidad en la vida? ¿No sería bueno poner un límite?

Paciente: ¡Después de catorce años, ya me pasé del límite!

Terapeuta: Pero usted sabe que hay cosas incompatibles que son muy difíciles de congeniar. Solo por señalar algunos puntos: usted desea una familia y él no quiere saber nada de tener hijos; usted es una mujer sexualmente activa y él es frío; usted es afectuosa y él no... Ser realista a veces duele, pero nos ayuda a abrir los ojos...

Paciente: ¡Pero es que él nunca me ha dicho un "no" ro-
             tundo! Cuando lo confronto, evita la cuestión,
             pero nunca dice que no me quiere.
Terapeuta: ¿No le parece que su comportamiento habla
             mejor por él que su silencio?
Paciente: No quiero perderlo. Sé que muy dentro de él
             existe una persona tierna que no ha aflorado…
             Debo seguir…

Morir con las botas puestas, seguir hasta el final del abismo sin más armas que la obstinación de un amor distorsionado. ¿Ayudaría un "no" contundente de parte de Rodrigo para que Julia vea las cosas como son? Pienso que sí. Pero eso implicaría que él quisiera dejar la relación y perder los beneficios de estar con ella, lo cual es bastante improbable. Esto lo reafirmé en una reunión posterior que tuve con él. Mi pregunta fue a quemarropa: "¿Por qué no la deja vivir su vida? Sea honesto con ella, ya no le genere falsas esperanzas. Si no puede amarla sanamente, déjela ir". Su respuesta fue bastante parca, pero sincera: "No le deseo el mal ni me molesta estar con ella. Incluso, hay cosas de Julia que me gustan, además es una buena compañía. No se qué más decirle…". Ella aún sigue con Rodrigo, aún lucha para alcanzar ese amor imposible, esperando ver una luz al final del túnel.

La territorialidad impenetrable del ermitaño afectivo

El esquizoide es un pasivo-agresivo "superado" que ha resuelto el conflicto a favor de la autonomía. Su estrategia principal es crear un territorio cerrado, afectivo y físico, para evitar que la gente traspase ese espacio de reserva personal y le quite la movilidad que requiere. Este afán por la libertad hará que cualquier intento por establecer un contacto íntimo sea percibido como amenazante. Por eso, las parejas de los esquizoides suelen comportarse como satélites que no logran llegar al núcleo emocional de sus parejas. Muchas de las víctimas del estilo ermitaño se conforman con merodear los extramuros afectivos de la persona amada, tratando de hallar una puerta de entrada que los conecte a ella sin resultado.

La propuesta del estilo esquizoide es inaceptable porque rompe con la estructura ética del amor, al desconocer la importancia de la *philia* (amistad) y el ágape (compasión). Los siguientes esquemas muestran la complejidad de esta manera de relacionarse: "Mi autonomía no es negociable" (*culto a la libertad*), "No comprendo tus sentimientos y emociones" (*analfabetismo emocional*) y "Puedo vivir sin tu amor" (*autosuficiencia afectiva*).

"Mi autonomía no es negociable"

Nadie niega que la autonomía es un valor imprescindible para el crecimiento psicológico y emocional. Sin embargo, una cosa es la independencia razonable y otra distinta la adicción al desapego. Podríamos diferenciar una *dependencia no saludable* (intensa, no modulada por la razón y que se ejecuta compulsivamente en diversas situaciones pese al costo psicológico) y una *dependencia saludable* que ayuda a la supervivencia (selectiva, flexible, constructiva y menos intensa que la anterior). Un niño pequeño necesita depender de su madre o su padre; alguien que no sabe nadar requiere del que sepa hacerlo para cruzar un río; una persona enferma depende de la ayuda médica. Pretender tener todos los grados de libertad a disposición, además de ingenuo, es un signo de arrogancia. Aún así, el esquizoide busca en la soledad un refugio para su existencia y hace que la independencia se convierta en aislamiento, reclusión e incomunicación. Este repliegue estratégico responde a la visión negativa que posee de los demás ("La gente es controladora e intrusa") y a la idea de que el amor es una forma de esclavitud. Querer a un esquizoide es como abrazar la nada.

Una buena analogía para comprender mejor su manera de comportarse son las arenas movedizas: cuanto más amor le entregues a un esquizoide, más te hundirás en la soledad, porque más se alejará de ti. Para el sujeto ermitaño, el compromiso afectivo encierra y aliena. Un paciente con estas características me decía con preocupación: "No sé qué me pasó, pero creo que me enamoré; vengo a que me ayude a desenamorarme… Quiero ser nuevamente yo". A veces, cuando las defensas fallan, el virus del amor intenta colarse y los esquizoides se debaten en un conflicto atracción-repulsión. Siempre gana el aislamiento. Para ellos, enamorarse es estar encadenado a un corazón. El amor no los toca, se enquista y hay que extirparlo de raíz para que no se riegue.

¿Cuál sería la mejor pareja para un esquizoide? Quizás otro esquizoide, aunque es probable que al poco tiempo ambos se aburran y busquen a alguien menos escurridizo que los inserte de tanto en tanto en la vida real. Otra opción es el ciberamor, relaciones por Internet, distantes pero aparentemente próximas, no comprometidas y juguetonas, donde la comunicación se maneja a millones de años luz, así puedan verse en las pantallas. Es perfecto para un esquizoide auténtico: nadie sabrá quién es, dónde vive, su historia, sus planes ni nada, y puede mentir tranquilamente sin que le miren a los ojos y sin delatarse. ¿Cibersexo? Mucho mejor. La masturbación es menos invasora que el sexo al descubierto y ni hablar del postcoito cuando viene acompañado de arrumacos. ¿Voyerismo? Evidentemente, para ellos, es mejor mirar que ser mirados e invadir que ser invadidos. El mundo virtual afectivo es el complemento ideal de cualquier esquizoide/ermitaño que debe trasegar por un mundo de humanos.

"No comprendo tus sentimientos y emociones"

Como ya dije, los esquizoides sufren de cierto analfabetismo emocional y falta de empatía. Más concretamente, les cuesta leer lo que el otro está sintiendo. Según el *Diccionario ideológico de la lengua española*, la palabra "empatía" significa: "Participación afectiva y emotiva de un sujeto en una realidad ajena". Realidad ajena, es decir, el otro, lo separado, lo diferente o lejano que, por simpatía o amor, se incluye y se acerca a uno. Estar afectivamente próximos es *pensarse* mutuamente y *sentirse*, así que si ninguno de estos dos procesos ocurren, no hay vínculo afectivo.

La gran mayoría de los esquizoides sufren de una enfermedad psicológica llamada alexitimia, que consiste en la incapacidad de procesar información emocional y/o afectiva, propia o ajena. Un paciente que no se sentía amado por su mujer me decía: "Ella no alcanza a comprender cómo me siento. Al principio creí que era egoísmo, pero luego me di cuenta de que simplemente no es capaz de ponerse en mi lugar... Es insensible a mi dolor o a mi alegría... Estuve deprimido un año, tuve dos intentos de suicidio y era como si nada. Cuando la recriminé por su apatía, parecía no comprender cuál era el problema. Recuerdo que me dijo: 'Después de todo, es normal que la gente se deprima, ¿o no?'. Nunca recibí apoyo ni una palabra de ánimo de parte de ella... Estar con una persona así es estar solo... Ya no la quiero, no la odio, pero no la quiero". Esta es la reacción más lógica de una persona ante la insensibilidad sistemática y consistente de la pareja.

Quizás el amor desvinculado no sea amor en lo absoluto. No sabemos a ciencia cierta qué ocurre en la mente de un sujeto esquizoide y si esa mezcla difusa de sensaciones y percepciones enredadas configuren un patrón afectivo o algo que se le parezca. De todas maneras, no es consuelo ni justificación: la indiferencia es una tortura que mata en cámara lenta.

"Podría prescindir de tu amor fácilmente"

Es claro que las personas que sufren de apego afectivo se encuentran en el polo opuesto del estilo esquizoide. Los pensamientos característicos de los dependientes tienen un fuerte contenido simbiótico: "No soy capaz de vivir sin ti", "Tú lo eres todo para mí" o "Haría cualquier cosa, si me lo pidieras". Bajo la influencia del apego, el amor se convierte en una obsesión, cuyo único fin es "vivir para la pareja". Pero el otro extremo también es nocivo: la indiferencia radical es profundamente destructiva para alguien que espera ser amado o amada. No es lo mismo afirmar: "Me dolería perderte porque te amo, pero aún así, sobreviviría a tu ausencia", a decir, por ejemplo: "Me da lo mismo estar contigo, que sin ti".

En las parejas también existe una lucha por el poder, y el "poder afectivo" lo posee quien necesita menos al otro. Si puedo prescindir de ti más fácil de lo que tú puedes prescindir de mí, tengo una desventaja a mi favor. Cómo se utilice este poder es otra cuestión. Pues bien, en esto de darse de baja en la relación, el esquizoide lleva sin lugar a dudas la delantera: no ruega por amor, pide muy poco o nada, no suplica, no sugiere y no colabora para que la relación mejore. En una sesión observé la siguiente conversación entre una mujer que evidentemente amaba a su pareja y el hombre, que también decía amarla:

Ella: ¿Quieres que lo nuestro se acabe?

Él: No, no… No sé, pero si tú quieres no te puedo obligar…

Ella: Pero, si sabes cuánto te quiero, ¿por qué me dices esto?

Él: (*Silencio*).

Ella: ¿Acaso no me amas?

Él: ¿Yo? Claro… Sí, sí…

Ella: Pero entonces por qué me pides que nos distanciemos…

Él: Para que seamos más independientes…

Ella: Es que no me siento atada, me gusta estar contigo.

Él: A mí también, pero necesito más espacio…

Ella: No entiendo en qué te molesto.

Él: Tampoco lo sé con claridad…

Ella: Te repito, ¿quieres que terminemos?

Él:	Lo que tú quieras me parece bien; no quiero obligarte a nada.
Ella:	Entonces, si te digo que no quiero volver a verte, ¿lo aceptarías? ¿No intentarías nada para detenerme?
Él:	Esperaría a ver qué pasa.
Ella:	¿Pero me amas o no? ¡Sé claro, por favor!
Él:	(*Silencio*).
Ella:	(*Llanto*).
Él:	(*Silencio*).

Durante esa sesión no pude evitar sentirme identificado con el dolor y la incertidumbre de la mujer. Dejando a un lado el apego que ella padecía, pienso que todos esperamos que nuestra pareja, ante la posibilidad de que la relación se acabe, muestre al menos una mínima preocupación de perdernos. No defiendo los celos ni el amor "garrapata", sino las ganas de luchar y jugarse por un amor que vale la pena mantener vivo. Si la persona que amas está dispuesta a prescindir de ti con la mayor tranquilidad, es probable que no te quiera o que estés con un esquizoide. Un amor inanimado, aletargado, impasible y sin entusiasmo te llevará al límite de la desesperación si no renuncias a tiempo.

¿POR QUÉ NOS ENGANCHAMOS EN UNA RELACIÓN ESQUIZOIDE? LA CONQUISTA COMO UN RETO

Las tres características mostradas en el apartado anterior arrasan con la esencia misma del amor interpersonal. Sin embargo, a pesar de la evidencia, muchas personas se enganchan y terminan metiéndose en el juego del amor desvinculado. Quizás sea porque, al comienzo de la relación, el sujeto esquizoide no se parece en nada a un agujero negro y nadie sospecha de su incapacidad de entregar y recibir afecto. La impresión que suelen causar durante la conquista es que son personas respetuosas y algo misteriosas, lo que atrae sin duda a los pretendientes de turno. El disfraz es casi perfecto: (a) "buenas personas", porque mientras no se sientan invadidas, no son agresivas; (b) "respetuosas", porque su distanciamiento es percibido inicialmente como tolerancia y consideración; y (c) "misteriosas", porque debido a su fobia a la intromisión, suelen ser muy reservadas en cuanto a sus asuntos personales. No es raro entonces que con estas cartas sobre la mesa, los o las interesadas sientan que están frente a alguien que quisieran conocer más en profundidad y descifrarlo.

Pero lo que en verdad hace al esquizoide una amenaza pública afectiva es que sus "defectos" solo emergen cuando el virus del amor se dispara. Solo estando enamorados se puede sentir a plenitud el rechazo y la frialdad del ermitaño afectivo: esa es la cruel paradoja. Todo pinta bien para echarnos al ruedo, pero, de pronto, al pisar la arena, inexplicablemente los toros salen de la nada y nos embisten. Cuando nos retiramos del sitio, los animales simplemente se esfuman, y si entramos nuevamente al ruedo, vuelven a aparecer. Esa es la trampa, esa es la pesadilla: el amor está justo en el centro de la plaza.

En mi experiencia clínica, he detectado, al menos, dos esquemas que hacen a las personas especialmente vulnerables a los "encantos" esquizoides. Las necesidades que se desprenden de estos esquemas negativos son las siguientes: "Necesito a alguien que respete mis espacios" y "Necesito que la conquista sea un reto". Si te reconoces en alguna de estas dos necesidades y tu pareja es una persona esquizoide, es probable que necesites ayuda.

Reserva personal/independencia: "Necesito a alguien que respete mis espacios"

Cada vez más personas asumen que una buena relación es aquella donde cada quien puede moverse libremente. El miedo a que nuestra libertad se vea restringida crece cada vez más en un mundo globalizado y "yóico". La consigna "te quiero, pero también me quiero a mí mismo" está muy arraigada en la gente joven que ya no ve el amor como fuente de esclavitud o sacrificio, sino como una forma de intercambio democrático. Partiendo de la premisa anterior, surge la pregunta: ¿qué impresión causará el estilo esquizoide a una persona posmoderna que ama su libertad y la defiende? Posiblemente considere que está frente a su alma gemela y no perciba el verdadero mensaje del esquizoide: "No me meto en tu mundo privado, para que no te metas en el mío".

"¿Cómo le fue en su cita a ciegas?", le pregunté en cierta ocasión a una mujer que asistía a mis consultas. "Resultamos ser tal para cual", me respondió con una sonrisa de oreja a oreja. A los seis meses (más o menos el periodo de incubación en que la toxina del estilo ermitaño se instala en el huésped), descubrió que su nuevo amor era tan hermético como una caja fuerte y el encanto del misterio había desaparecido de un momento a otro. Cuando se dio cuenta de lo que ocurría, volvió a mi consulta angustiada y muy confundida: "¡No entiendo!

Dice que me quiere, pero cuanto más me acerco, más se aleja". Había malinterpretado el mensaje del hombre. La propuesta no era "compartir autonomías", sino mantener las distancias. Las arenas movedizas habían asomado y la mujer estaba, justamente, parada sobre ellas.

Para que una relación funcione bien, no es suficiente que respeten nuestros espacios; también necesitamos que nos quieran a rabiar, que nos mimen y que nos "invadan", de tanto en tanto, con el beneplácito del deseo.

Desafío como motivación: "Necesito que la conquista sea un reto"

Este esquema lo he visto funcionar primordialmente en mujeres, a quienes les seduce el reto de las conquistas difíciles (esto no significa que sean histriónicas). Su dinámica es como sigue: los hombres lejanos, que no muestran interés por ellas o que ignoran sus atractivos, se convierten automáticamente en un desafío para su autoestima y valoración personal. Es como tasarse a sí mismas. El pensamiento que las mueve es principalmente egocéntrico: "¡Cómo se atreve a ignorarme!".

El esquizoide es perfecto para generar este tipo de motivaciones. En cierta ocasión, le pregunté a una mujer por qué seguía testarudamente tratando de "conquistar a los inconquistables". Su respuesta me recordó algunos pasajes de la vida de Alejandro Magno: "Mi meta es tumbar sus defensas y atraparlos... Ser la primera en llegar hasta donde ninguna llegó... No solo me parece emocionante, sino que además mi autoestima sube y me siento realizada...". Convertir el amor en una especie de cruzada no parece ser el camino más sensato para alcanzar la felicidad de pareja. Más bien se asemeja a un deporte de alto riesgo. Hay quienes apetecen lanzarse en paracaídas, participar en carreras casi suicidas, navegar por corrientes peligrosas, explorar cuevas abandonadas o hacer clavados desde alturas temerarias, y hay quienes prefieren seducir a esquizoides. Todos comparten el mismo doble sentido: adrenalina y autorrealización. El problema es que a diferencia de los deportes extremos, la tarea de ablandar a un ermitaño afectivo no tiene límite, ni tiempo, ni distancia definida; la tarea puede durar toda la vida.

Terapeuta: ¿Qué te gusta de Julio?

Paciente: Es misterioso, quiere y no quiere... Nunca sé qué está pensando...

Terapeuta: ¿Eso no es estresante?

Paciente: Siempre me han gustado los hombres excéntricos, raros, caprichosos...

Terapeuta: ¿No tienes miedo de enamorarte de alguien que no puedas descifrar?

Paciente: Los enigmas me atraen. Además, cuando lo tenga a mis pies, me abrirá su corazón.

Terapeuta: Pero se acabará el misterio y no existirá el enigma que tanto te provoca.

Paciente: Claro, si no sería agotador... Con el amor llega la calma, todo se hace más claro...

O más confuso. El error de mi paciente era creer que una vez "conquistado" el esquizoide, el hombre se curaría por amor y que el misterio finalmente se develaría gracias a una metamorfosis afectiva. Mal cálculo. Lo saludable no está en enamorarse de un jeroglífico ambulante, sino en conocer a la pareja en lo fundamental y tener un pacto transparente. La gente interesante es la que aporta, no la que se esconde.

¿Podemos relacionarnos saludablemente con una persona esquizoide?

La única manera de estar bien con un sujeto esquizoide es que deje de serlo. Mucha gente se resigna a que su pareja sea una persona solitaria y muy poco comunicativa, pero una cosa es ser introvertido, lo cual es aceptable, y otra es hacer de la insensibilidad una forma de vida; una cosa es ser algo timorato y apocado, y otra muy distinta ser inconmovible. Nadie se acostumbra a la alexitimia. Si no hay capacidad de sentir y expresar amor, vivirlo, leerlo e incorporarlo al día a día, pues no hay relación; así de sencillo, así de cruel, así de triste.

Cuando me preguntan cómo convivir afectivamente con una persona esquizoide/ermitaña, mi respuesta es simple: "No se puede". Y esto que resulta evidente para muchos que padecieron y padecen la indiferencia de su pareja, no lo es tanto para los optimistas del corazón, porque insisten en modificar lo inmodificable. Algunos agregan: "¿Significa que debo perder toda esperanza?". A lo cual respondo que la tenacidad no siempre es una virtud, especialmente, si atenta contra la dignidad de las personas. ¿Habrá mayor alivio que deponer las armas cuando descubrimos que la batalla no se justifica? Vivir en la indiferencia y el abandono afectivo es ir contra la naturaleza humana.

Estrategias de supervivencia afectiva

Ante la desesperación de tener que lidiar con alguien que no comprende ni procesa el amor, las parejas de los esquizoides suelen adoptar dos posiciones. Las personas que están muy enamoradas y temen una ruptura tratarán, en un acto heroico, de solidarizarse con la pareja: "Si no puedo hacer que cambie, seré yo quien se transforme". ¿Resultado? Un esquizoide auténtico y uno falsificado. La segunda alternativa está más motivada en la impotencia y el cansancio, lo que llevará a una estrategia de punto final: "Esto es lo que espero de la persona que esté conmigo: decide si quieres continuar o no". Veamos cada una de las estrategias mencionadas.

Aceptar la indiferencia como un modo de vida e intentar transformarse en esquizoide

Esta metamorfosis no es fácil de lograr, porque no se hace esquizoide el que quiere, sino el que puede. Uno no se hace ignorante a fuerza de voluntad y, menos, en el área emocional. De todas maneras, los que deciden transformarse no pasan de ejecutar un papel superficial, porque, en lo más profundo, siguen añorando un amor completo y saludable, así intenten disimularlo. He conocido personas que asumen este rol y, a simple vista, quedan bien acopladas a su compañero esquizoide. Sin embargo, en los ratos libres, corren a buscar estimulación social, sexual o interpersonal para llenar el vacío de una soledad que paradójicamente el otro disfruta a plenitud. El pensamiento que justifica esta estrategia es: "Al menos, sigo en la relación". Esta "imitación existencial", esta igualación por lo bajo, aunque no es total, tarde que temprano producirá una alteración psicológica. Nadie aguanta tanto.

Los comportamientos más representativos de esta actitud son:

» Volverse afectivamente indiferente o distante (o asumir el papel de serlo).
» Modificar, sublimar o reprimir la necesidades sexuales (algunos abren sucursales).
» Tener espacios propios bien delimitados y definidos.
» Frenar opiniones y expresiones de afecto que podrían incomodar al otro.
» Tener una vida social de pareja pobre o nula.
» Acostumbrarse a ir sola o solo a casi todas partes.
» Hacer de la soledad una forma de vida.
» No esperar nada del otro.
» Subir los umbrales de la alegría de tal manera que muy pocas cosas le hagan feliz.

Si la persona que amas es esquizoide/ermitaña, requiere ayuda profesional, no hay vuelta de hoja. Pero si se niega a recibirla pese a tu insistencia, hay tres maneras de ver las cosas: no te conviene, no te quiere o es un karma. La estrategia de intentar transformarse en esquizoide lleva implícita una contradicción esencial: por amor, te niegas la posibilidad de amar.

No dejarse arrastrar por la frialdad afectiva y reclamar un amor completo

Si bien esta estrategia es muy utilizada por las parejas de los sujetos esquizoides, la confrontación, tarde que temprano, llevará a una exigencia amorosa sin sentido. El amor no se obliga, como ocurre con el respeto.

Reivindicar el derecho a ser amado o amada es pretender que el ermitaño afectivo haga una revolución interior y se convierta en alguien sociable, humanitario y tierno, y que, además, nos ame a rabiar. Pura utopía sentimental.

Si el esquizoide teme perder los beneficios que obtiene al estar en pareja, intentará un cambio superficial y se comportará "como si fuera afectivamente normal", pero esto solo será una estratagema. Un paciente ermitaño que, aparentemente, estaba obteniendo cambios positivos de su terapia, me dejó de una pieza cuando me confesó la causa de su alegría: "Mi señora se va a ir de vacaciones y me quedaré solo... ¡Al fin podré ser como soy por unos días!". Un gran simulador, sin duda.

Veamos algunos comportamientos que definen esta actitud:

» No renunciar a las emociones y dejar claro que debe haber una modificación en la manera de relacionarse.
» No aceptar el aislamiento extremo o el distanciamiento conductual. Determinar qué cosas harán juntos y cuáles no. Mejorar, por lo tanto, la vida social.
» Exigir que haya más compromiso, más implicación en la vida común, que se sienta la participación activa del otro.
» Dejar claro que si no hay un cambio en su manera de sentir, transmitir y compartir el amor, la relación no seguirá adelante.
» Mejorar las relaciones sexuales y el erotismo.
» Comunicarse más y mejor.

La lista podría seguir, pero todo apuntaría a lo mismo: la necesidad de humanizar al otro, para que por fin se entregue un poco al amor. Si quieres de verdad intentarlo, pregúntate sinceramente: ¿cuentas con el afecto, la vocación de servicio y la tolerancia a la frustración suficientes?

¿Hasta dónde negociar?

Cualquier cambio que se intente en un esquizoide debe estar liderado necesariamente por un profesional experto en salud mental. Alguien debe interceder para que el cerebro del ermitaño afectivo se socialice en alguna medida. No obstante, la pregunta sigue en el aire: ¿qué negociar con un esquizoide para que la pareja sea menos disfuncional? Algunas actuaciones son en sí mismas malas o dañinas, y no admiten puntos intermedios. ¿Cómo llegar a un acuerdo sobre la frialdad? ¿Que sea menos frío o fría? O sobre la despreocupación e indiferencia, ¿que sea menos indiferente? El ermitaño afectivo deja muy poco espacio para llegar a un arreglo digno.

Es verdad que algunas personas que muestran un estilo esquizoide leve logran reducir su territorialidad y modificar la idea de que toda la gente es invasora. También es cierto que disminuyen sus evitaciones sociales y modifican la autopercepción de que son seres raros y que no encajan en el mundo. Sin embargo, sus parejas no suelen mostrarse satisfechas con estos cambios, debido a que la esencia del antiamor parece seguir allí como una marca hecha a fuego. Creo que la mejoría que alcanzan algunos esquizoides los habilita para funcionar mejor en la sociedad, lo cual no significa necesariamente que logren establecer vínculos afectivos estrechos y saludables. De todas maneras, eres tú quien decide.

Cómo reconocer el estilo esquizoide antes de enamorarse

En principio, hay que sospechar de cualquiera que se escude demasiado en el anonimato y en unas actitudes defensivas exageradas. El esquizoide se limitará a ser formal y amable, pero evitará cualquier tipo de pregunta o actitud que le implique comprometerse emocionalmente con los demás. Los paranoicos y algunos obsesivos también muestran cierto recelo a que se entrometan en sus vidas. Sin embargo, en el esquizoide no aparecen el delirio persecutorio del paranoico ni la pulcritud del perfeccionista.

La alexitimia no puede disimularse fácilmente. La inexpresividad verbal y gestual, así como la poca vida interior que los caracteriza, no pasarán desapercibidos. Su discurso será monótono y carente de vitalidad y energía, similar a lo que ocurre con el pasivo-agresivo. Tendrá muy pocos amigos y notarás que es indiferente a la opinión de los demás, así como al dolor y la alegría ajenos.

Pero donde el estilo esquizoide se hace más evidente es cuando se enfrentan con temas como el amor, la amistad, la pasión, las fantasías y la compasión. Es decir, aquellas cuestiones donde el factor humano y la sensibilidad cobran más fuerza. A las pocas salidas, el efecto atracción-repulsión se hará inevitable: cuanto más te acerques a él o ella, más se alejará de ti; cuanto más amable seas, más distante será su comportamiento. Y, muy rápidamente, te encontrarás jugando al gato y al ratón.

Algunas de las siguientes pautas pueden servirte como guía:

» Sus respuestas emocionales tenderán a ser planas y poco expresivas.

» No disfrutará mucho de las relaciones íntimas. Las aceptará a regañadientes, siempre y cuando no haya compromiso.

» Sentirás que debes tomar la iniciativa en todo y casi siempre, pero su desidia no estará motivada por intenciones subversivas, como lo haría el pasivo-agresivo; simplemente, "le dará lo mismo" porque nada le produce entusiasmo.

» Será una persona solitaria con pocos amigos y una historia afectiva muy pobre.

» Cuando le hables de sus expectativas o de sus sueños, te darás cuenta de que sus metas y su vida interior son pobres. Pecará de un realismo crudo, como si sus fantasías no pudieran ir más allá de lo concreto.

» Te dará la impresión de estar frente a una persona inmune a las críticas o las alabanzas de los demás.

» Si hablas sobre el amor, evitará involucrarse en la conversación. La incomodidad será evidente.

El estilo esquizoide, junto al antisocial, representa la máxima expresión de la indiferencia: una pasiva, la otra activa. Pero mientras el antisocial intentará seducirte con su actitud pendenciera para luego utilizarte, el ermitaño buscará relaciones circunstanciales que no le impliquen esfuerzo afectivo. El estilo esquizoide no da ni recibe, solo se basta a sí mismo.

Cuando la persona esquizoide/ermitaña eres tú: algunas consideraciones

No arrastres a los demás a tu mundo. Sé que necesitas tener un apoyo para enfrentar a la sociedad a la que perteneces, así no te guste; pero no necesitas enamorar a nadie para eso. ¿Por qué no le confiesas a tu pareja tus "verdaderas pretensiones"? Para ti sería un alivio, ya que te quitarías de encima la "persecución" y la intromisión que tanto te preocupan. Haz tu propio balance costo/beneficio y verás que tengo razón. Libera a tu pareja de la esperanza y déjala ir; y quién sabe, a lo mejor encuentres a alguien que se te parezca y que le agrade la soledad tanto como a ti.

Si revisas tu historia personal, es posible que te hayas criado en una atmósfera familiar exageradamente formal, rígida y reservada, que provocó en ti una lejanía afectiva con la gente, una manera desvinculada de relacionarte. Me refiero más a una familia afectivamente fría y distante, con problemas de comunicación. Tampoco hay que descartar aspectos biológicos y hereditarios en la conformación de tu manera de amar, si acaso podemos llamarla así. Como dije antes, la ayuda profesional en tu caso es imprescindible. Deja que al menos un terapeuta entre en tu territorio.

Estoy contigo en que la gente tiene el derecho a ser ermitaña e irse a vivir a una cueva perdida en la montaña. Querer estar solo es una opción de vida respetable; lo que es difícil de aceptar es que arrastres contigo a otra persona, prometiendo un amor que no eres capaz de dar ni recibir. Autonomía y amor no son incompatibles. Acepto que muchas personas son demandantes, absorbentes o emocionalmente dependientes, pero exageras cuando generalizas estas características a todo el mundo. ¿Qué te falta? Ternura, sensibilidad por el otro, vida interior. Fromm decía: "El amor es una fuerza propia del ser humano, mediante la cual se pone en relación con el mundo y hace de este su mundo". Y no se refería a un amor bobalicón, incompleto o tóxico, sino a un amor auténtico, repleto de deseo, amistad y compasión. ¿Cuáles son las palabras claves que te describen? Aislamiento e indiferencia.

Capítulo 8

ESTILO LIMÍTROFE-INESTABLE
EL AMOR CAÓTICO

No hagas con el amor
lo que un niño hace con su globo:
cuando lo tiene juega y cuando lo pierde llora.

San Agustín

Una persona con estas características será impulsiva, emocionalmente inestable, paradójica, caprichosa, insegura, autodestructiva y con tendencia a crear adicciones, entre otras conductas disfuncionales. Su temperamento será impredecible y explosivo. Un cóctel de sensaciones y emociones fuera de control donde el amor será cada día más caótico y desesperante. Quienes cruzan la raya ignorando las señales de peligro saldrán mal librados. Si los esquizoides son agujeros negros, las personas limítrofes son la supernova. (Según la definición de un reconocido diccionario, la palabra "supernova" significa: etapa final explosiva de la vida de una estrella).

Alberto llevaba cuatro años de noviazgo con una mujer limítrofe. Cuando llegó a mi consultorio, describió así su motivo de consulta: "No entiendo por qué me enamoré de ella, habiendo tantas mujeres... Lo más cruel es que no soy capaz de dejarla; la amo pese a sus ataques de ira, sus altibajos, los celos y el alcoholismo que no quiere tratarse... Ha roto la relación por lo menos seis veces en un año y después me llama para pedir perdón... Es demasiado contradictoria: parece independiente, pero es dependiente; me ama y al rato me odia; es tierna por momentos y después se pone violenta, ¡todo al mismo tiempo! Es realmente inmanejable... Incluso ha llegado a atentar contra su propia vida. Una vez tuvimos una fuerte discusión y me llamó a las cuatro del mañana para decirme que había tomado unas pastillas. Apenas pude reconocer su voz pidiendo auxilio. Salí corriendo para su apartamento y la encontré con la cara torcida y las manos encalambradas. Me impresionó mucho. Llamé a una ambulancia y me fui con ella al hospital. En otra ocasión estábamos en la playa y, porque miré a otra mujer, se metió al mar e intentó ahogarse; dijo que si lo había hecho Alfonsina Storni, ella también podía... No sé qué hacer...". Más adelante tuve la oportunidad de conocer a Patricia, así se llamaba la mujer, y trabajé con ella unos meses, hasta que se fue a vivir a Londres, luego de romper por enésima vez con su atribulado novio.

Reseño a continuación una parte de la primera entrevista que sostuve con ella, donde puede apreciarse lo esencial del estilo limítrofe/inestable:

Paciente: Yo sé que algo no anda bien en mí, pero es desde siempre... ¡No sé qué hago aquí, no creo en los psicólogos, debería irme!

Terapeuta: ¿Ya habías pedido ayuda antes?

Paciente: Una o dos veces... Cuando era adolescente intenté quitarme la vida. Le impresionó, ¿no es cierto? Apuesto a que nunca pensó que se lo diría con esta frescura. La gente oculta estas cosas, pero desde que leí el *Tractatus logico-philosophicus* de Wittgenstein entendí muchas cosas... ¿Usted lo leyó?

Terapeuta: Intenté hacerlo, pero me aburrí...

Paciente: (*Risa*). ¡Usted me encanta! ¡Se ve tierno! ¿Es casado?

Terapeuta: Sí.

Paciente: Su señora debe estar feliz...

Terapeuta: Háblame de ti. ¿Cómo estás afectivamente con Alberto?

Paciente: Lo amo con todo el corazón... Aunque no sé si estoy hecha para una relación estable...

Terapeuta: Sin embargo, le presentaste a tus padres y dieron la cuota inicial para un apartamento... Uno pensaría que la cosa va en serio...

Paciente: ¡Me encanta tener novio! No soy para estar sola, lo que pasa es que él no me da seguridad...

Terapeuta: ¿A qué seguridad te refieres?

Paciente: No creo que me ame.

Terapeuta: A ver... Me dijiste que no naciste para estar en pareja y luego que no sabes estar sola, ¿entendí bien?

Paciente: Sí. Hay momentos en que pienso una cosa, pero al rato pienso otra...

Terapeuta: ¿No crees que esas fluctuaciones alteran la relación y la estabilidad psicológica de ambos?

Paciente: Usted parece estar de parte de él.

Terapeuta: No, lo que intento es que puedan ser una buena pareja.

Paciente: (*Parándose de la silla y caminando en círculos por el consultorio*). ¡Pues enséñele a él a
que sea un verdadero hombre!

Terapeuta: ¿Por qué piensas que no lo es?

Paciente: (*Pateando la silla*). ¡No me ama, no me ama,
no me ama!

Terapeuta: Yo pienso que sí te quiere mucho.

Paciente: Yo dije que "no me ama", no hable de "querer"... Usted debería saber la diferencia...
(*Sentándose nuevamente y sonriendo*). ¿Si
cree que me ama?

Terapeuta: De verdad, ¿tú qué crees?

Paciente: No sé... (*Llanto*)... ¡Siempre me ha ido tan
mal! ¡Todo es tan difícil! ¡No sé qué quiero de
la vida!

Terapeuta: Te propongo que profundicemos sobre esto último, ¿te parece?

Paciente: (*Riendo*). ¡Usted es un amor!

A los pocos días del viaje de Patricia, Alberto llegó a
mi consulta y parecía otro hombre. Había venido a des-
pedirse: "Creo que todos mis problemas se acabaron...
Sin ella volví a vivir y por ahora no quiero saber de nada
con nadie...". Los síntomas de estrés asociados a todo el
proceso afectivo habían desaparecido por completo.

AL FILO DE LA NAVAJA

Amor sobre ascuas, bordeando el límite entre la angustia
y la locura. Amor de alto riesgo, impredecible y sorprendente, que te hace sentir incapaz o ignorante. Las parejas

de las personas limítrofes se describen a sí mismas como viviendo en el filo de la navaja, porque cualquier intento de mejorar la relación parece empeorarla. Reconozco que el "asombro" y la sorpresa ayudan a que las parejas funcionen mejor, ya que predecir totalmente a la persona amada puede resultar bastante aburrido, pero, de todas maneras, una relación saludable necesita de cierta estabilidad mínima que permita anticipar el comportamiento del otro, comprender sus señales, leer sus necesidades y saber con quién estamos. Desafortunadamente, tal estabilidad es imposible de alcanzar con la personalidad límite, ya que sus estados internos son tan cambiantes como inexplicables. Para ser más explícito: si alguna vez intentas describir a tu pareja y no tienes palabras ni ideas claras sobre quién es y cómo es, quizás estés con un individuo limítrofe.

Las palabras claves de este estilo son: indefinición e inestabilidad. Cuanto más te enamores, más confusión tendrás; cuanto más te entregues, más sentirás que estás jugando con fuego. Te enredarás en una maraña de sentimientos encontrados y comportamientos contradictorios de los cuales no podrás salir fácilmente. Hoy te querrán con locura y mañana no voltearán a mirarte; hoy compartirá contigo sus proyectos de vida y mañana ni uno; hoy tendrá pánico al abandono y mañana te pedirá que te vayas. En el lapso de veinticuatro horas, cualquier cosa puede pasar.

Los que, pese a todo, deciden involucrarse con un estilo limítrofe/inestable deberán enfrentar, al menos, los siguientes esquemas enfermizos: "No sé quién soy ni qué quiero" (*identidad fragmentada*); "No puedo vivir contigo ni sin ti" (*abandono-desconfianza*); "Te amo y te odio" (*inestabilidad/emocional*). Quizás ahora el lector pueda comprender mejor el porqué de la analogía con la supernova afectiva.

"No sé quién soy ni lo que quiero"

Una identidad sólida y bien organizada implica una definición madura del "yo", un sentido de quiénes somos, a dónde se dirige uno en la vida y cómo encajamos en la sociedad. Sin estas condiciones, es imposible acceder a un amor maduro. Por el contrario, la crisis de identidad genera una profunda confusión sobre los papeles presentes y futuros que se deben tener en la vida. Esta indefinición conlleva a un amor desorientado y con miedo a la soledad. De hecho, cuando estamos "solos", el "yo" se reconoce y se revisa. Allí, el diálogo interior se hace más fuerte, así como la autoevaluación y el autoconocimiento. Pero para una persona limítrofe/inestable, esta experiencia de estar cara a cara con uno mismo puede resultar especialmente aterradora. La soledad representa para ella estar frente al más absoluto vacío existencial.

Cuando alguien nos ama y nos sentimos merecedores, ese amor se refracta en nosotros, lo tomamos y lo incorporamos a lo que somos sin tantos problemas. Pero si no hay autoestima suficiente o no poseemos un "yo" bien estructurado, esa información afectiva no será procesada adecuadamente: pensaremos que el amor que nos profesan es dudoso o poco creíble. Un buen receptor afectivo, que se quiere a sí mismo, se apropia del amor que le entregan y lo devuelve con creces.

Los problemas de identidad van de la mano de la baja autoestima. Recuerdo a una mujer, muy insegura, que se avergonzaba cuando un hombre la pretendía porque pensaba que si llegaban a conocerla de verdad, descubrirían que era una persona poco valiosa. No se sentía merecedora de afecto. Su frase preferida era: "Soy un fraude". En otro caso, estando a cargo de una terapia de grupo con personas que no se querían a sí mismas, les pedí que respondieran por escrito a la siguiente pregunta: "¿Quién soy yo?". El ejercicio produjo cierta incomodidad en la mayoría, pero una de las asistentes se sintió especialmente turbada. "¿Quién soy yo? Vaya pregunta. Nunca había pensado en ello…", dijo con preocupación. Luego de unos minutos, me entregó un papel que decía en letras muy grandes: "Soy la esposa de mi marido".

Cabe la siguiente pregunta: ¿cómo estar con una persona que no se conoce a sí misma o carece de amor propio? Si el amor resulta ser un intercambio de alegres fantasías bien armonizadas, aquí la correspondencia será nula, porque habrá alguien que tendrá muy poco o nada con qué contribuir al intercambio.

"No puedo vivir contigo ni sin ti"

Los problemas de identidad que señalé antes acarrean indefectiblemente un profundo miedo a la soledad y al abandono. Sin embargo, en el caso del estilo afectivo limítrofe, este abandono se engancha, paradójicamente, a un miedo a la intimidad: "Quiero estar contigo, pero no creo en ti". Miedo a enamorarme y ansiedad de separación, todo en el mismo saco. Una copla del folclor argentino, *Requiebro de amor*, resume este conflicto

atracción-repulsión: "Ni contigo ni sin ti, tienen mis ma-
les remedio; contigo, porque me matas y sin ti, porque
me muero". Dos angustias afectivas entrelazadas, cada
una alimentando a la otra: temor de quererte, porque me
dejarás, y de dejarte, porque te quiero. Entonces la intimidad, que debería ser fuente de placer, se convierte en
una zozobra anticipada. El esquizoide resuelve el miedo
a la intimidad alejándose; el dependiente soluciona su
fobia a la soledad apegándose al otro, pero el limítrofe
queda suspendido en la viva contradicción, fluctuando de
un extremo al otro sin hallar ninguna solución concreta
a su problema. Dicho de otra forma: el fracaso del estilo
limítrofe/inestable consiste en querer mantener una relación de dependencia sin tener los recursos para lograr-
lo. Es como si alguien tuviera sed y no pudiera abrir una
botella de agua, ni romperla para tomar su contenido. En
este contexto, el amor se convierte en una carga odiada
y deseada a la vez.

En esta paradoja del amor caótico, se mezclan tres esquemas disfuncionales operando a la vez: "Soy débil y vul-
nerable" (dependencia/incompetencia), "La gente es mala y
peligrosa" (desconfianza/abuso) y "Soy un fraude" (fracaso/
baja autoestima). ¿Por dónde empezar? No es de extrañar
que una de las preocupaciones más comunes de las parejas de estas personas sea: "¿Con cuál personalidad me las
tendré que ver hoy?". En cierta ocasión le pregunté a un
paciente casado con una mujer limítrofe qué tal iba la relación. El hombre me respondió con cierta dosis de humor
negro: "Estos quince días, como cosa rara, está activada la
mujer dependiente y tierna, así que muy bien... Veremos
quién me toca la semana que viene...".

El círculo vicioso interpersonal en el cual se mueven las personas limítrofes/inestables es sumamente tortuoso. Veamos cómo es esta secuencia típica:

» El miedo a no ser amadas o abandonadas hace que recurran a un patrón sumiso de relación.

» La estrategia de sumisión preferida es la del "martirio virtuoso". Se muestran abnegadas y sacrificadas por su pareja y aparentemente sin esperar nada a cambio, cuando en realidad quieren protegerse de una posible separación.

» Debido a que sus parejas nunca logran alcanzar el estándar requerido para que se sientan totalmente seguras, la frustración hará que se disparen comportamientos impulsivos de ira, agresión y/o autolesión.

» Por lo anterior, la pareja se alejará, lo cual será interpretado por la persona limítrofe como una confirmación de que no es digna de afecto.

El círculo perfecto para hundirse, una y otra vez, en el vacío afectivo/existencial. ¿Quién puede darles la medida?

"Te amo y te odio"

Una de las principales causas psicológicas de la irregularidad emocional es el "pensamiento dicotómico" o un pensamiento en blanco o negro. La visión del estilo limítrofe se mueve entre polaridades: todo o nada, bueno o malo, éxito o fracaso. Las interpretaciones extremas de hechos que podrían ser considerados intermedios producen respuestas emocionales dispersas y aparentemente caprichosas. Recuerdo a una paciente cuyos estados de ánimo se movían al compás de su memoria. Cuando recordaba aspectos positivos de su pareja, su pensamiento la llevaba a comportarse cariñosamente ("Es un amor de persona") y cuando recuperaba información negativa, el pensamiento la empujaba al extremo del rechazo ("Es un ser detestable"). Obviamente, para el hombre era imposible predecir estos cambios de actitud porque dependían de un procesamiento interno sobre el cual ni él ni ella tenían control.

En otro ejemplo, un hombre con un estilo limítrofe oscilaba constantemente entre las ideas del fracaso y el éxito y, de acuerdo con estas ideas, había ocasiones en que se comportaba más o menos irritable con su pareja. Si el pensamiento era: "No sirvo para nada", rechazaba cualquier aproximación afectiva porque no se sentía merecedor de afecto, y si, por el contrario, pensaba que era un superhombre destinado a hacer grandes cosas, hacía pleno uso de su "derecho a ser amado". Dignidad oscilante, indecisa, azarosa. Su esposa, al comenzar el día, se preguntaba: "¿Con cuál pensamiento se habrá despertado hoy?". Pero aunque pudiéramos anticiparlo, nos quedaría por resolver cómo manejar ese mundo afectivo cambiante. ¿Acaso debería su pareja acoplarse a los saltos emocionales pacientemente? ¿O debería salvarse y evitar ser arrastrada con el torbellino?

En cierta ocasión, un señor de avanzada edad me hizo el siguiente comentario: "El psiquiatra me ha dicho que mi mujer es bipolar y sufre un trastorno límite de la personalidad y que debo tener paciencia... Pero, ¿cómo? ¿No hago nada si la veo consumiendo droga, si le pega a los nietos o se viste escandalosamente? No soy capaz de estar bien con ella y tener sexo, cuando media hora antes me dice que soy el peor de los hombres y que quiere separarse… ¿Simplemente lo olvido?".

¿POR QUÉ NOS ENGANCHAMOS EN UNA RELACIÓN LIMÍTROFE? EL ENCANTO DE LA PARADOJA

Espíritu masoquista, aburrimiento crónico, enamoramiento patológico, en fin, la energía de las personas con estilo inestable pueden agradar a todo aquel que busca emociones fuertes. Esta es la razón por la cual los sujetos antisociales son quienes más se acomodan a las redes de alta tensión del estilo limítrofe. La concordancia está en que la fuerza desordenada de la relación no hace mella en los sujetos antisociales y, por el contrario, les divierte. Al no haber compasión o ágape, el amor caótico se convierte para ellos en una caja de sorpresas interesante y variada.

Las personas con un estilo limítrofe pueden resultar muy atractivas cuando se conectan al modo estable de su personalidad. La energía que despliegan, el buen humor, la inteligencia y la liberalidad en sus comportamientos seducen a más de uno. Recuerdo que en mi juventud conocí a una bella muchacha por la cual me sentí muy atraído, entre otras cosas, por cierta afinidad literaria. Una coincidencia me dejó enganchado casi de inmediato. Por ese entonces, estaba leyendo al poeta italiano Giuseppe Ungaretti y ella, de pronto, comenzó a recitar sus poesías en un italiano impecable. Fue suficiente y fulminante. Pero había más. Su vestimenta era totalmente personalizada, no seguía modas y era mentalmente libre. Su risa era contagiosa y la mirada mostraba cierta picardía que iba siempre más allá de lo evidente. Además, estaba emocionalmente implicada con todo lo que hacía, su pasión era como un fuego extendido, que obviamente me atrapó. Sin embargo, a las pocas semanas, comenzaron a aparecer una serie de comportamientos incompresibles para mí (v.g. autolesiones, infidelidades, crisis de identidad, consumo de drogas). La demanda y las complicaciones fueron creciendo día a día porque los problemas se suscitaban uno tras otro como un avalancha imposible de evitar. La sensación que me acompañaba era de total impotencia: por cada solución, aparecían tres o cuatro nuevos problemas inesperados. Esta turbulencia afectiva no me empujaba hacia fuera, sino hacia el mismo centro de su patología y cuando pensaba que ya no iba a poder con tanta agitación y preocupación, no sé de dónde, mi organismo sacaba fuerzas para seguir. Después de tantos años, sigo pensado positivamente en aquello que me atrajo, pero también tengo claro que de haber sabido lo que me esperaba hubiera sacrificado esos placeres a cambio de no tener que soportar los costos.

Cuando las personas limítrofes se apaciguan por momentos o días, sus parejas generan la ilusión de que el "lado malo" desaparecerá y será reemplazado espontáneamente por "el lado bueno". Pura esperanza infundada. La disociación psicológica y afectiva del amor caótico *siempre necesita ayuda profesional*.

¿PODEMOS RELACIONARNOS SALUDABLEMENTE CON UNA PERSONA LIMÍTROFE?

Con la terapia debida, quizás mermen las explosiones emocionales y el tornado se degrade en una tormenta tropical más manejable. No habrá un *tsunami* devastador, pero sí inundaciones. Cada quien decide hasta dónde aguantar. Insisto en un punto: aunque la ayuda psicológica y/o psiquiátrica permitan reacomodar en parte la mente de la personalidad límite, en las relaciones afectivas es donde menos se verá el impacto, porque ese es su talón de Aquiles. Es en la intimidad donde más afloran sus verdaderos problemas.

Si amar saludablemente significa relacionarse con la menor cantidad posible de sufrimiento y patología, obviamente no soy muy optimista con el estilo limítrofe. ¿Los casos leves? Algunos podrían llegar a ser menos insoportables, pero depende de lo que cada uno espera de una relación en pareja. Como vimos en la introducción, si la concepción que tenemos del amor es la de sacrificarse a cualquier costo, seguir manteniendo una relación con una persona limítrofe/inestable será visto como la respuesta natural a un amor incondicional. Una versión distinta, donde se equilibre el "ser para sí" con el "ser para el otro", sin duda exigiría una relación menos dañina. Cada quien decide.

Cómo reconocer el estilo limítrofe antes de enamorarse

No creo que haya que desarrollar habilidades especiales para identificar este estilo. Al principio, será una experiencia avasalladora, como la que se tiene con una persona histriónica, pero multiplicada por diez y con menos recato. La personalidad límite no tratará de esconder su manera de ser; por el contrario, se mostrará abierta y desfachatadamente. Es posible que logren detectarse de inmediato las fluctuaciones emocionales, la necesidad de agradar y algunos comportamientos paradójicos y contradictorios. A diferencia del sujeto histriónico, las personas limítrofes sí buscan sexo y experiencias fuertes, así como compañeros o compañeras de carácter que les sigan la corriente. Estarás ante una mezcla de seducción, extravagancia, emoción desbordada, y una sinceridad que te impactará sin duda. Es probable que cierto espíritu contestatario salga a flote en el momento menos pensado y te empiecen a contradecir sin razón aparente. También podrás sentir cierta manipulación cuando hables de temas afectivos, en el sentido de querer llamar la atención y tenerte bajo su control.

Para resumir: el estilo afectivo límite es imposible de ocultar. Si conoces sus rasgos principales, será fácil reconocerlo, solo necesitas sentarte a hablar y la supernova comenzará a soltar sus fuegos artificiales.

CUANDO LA PERSONA LIMÍTROFE/INESTABLE ERES TÚ: ALGUNAS CONSIDERACIONES

Comprendo cómo te sientes. La vida te parece un caos existencial indescifrable. La experiencia de la soledad puede resultar aterradora si no hay un "sí mismo" que se haga cargo, si no sé quién soy y si no tengo metas. Te habrás dado cuenta de que tu manera de manejar las emociones es insuficiente e inadecuada y que la ambivalencia en la que te encuentras te lleva a herir los sentimientos de la gente que dices amar y a lastimarte a ti mismo o a ti misma. Todo el mundo sale afectado. Si te autobservas con cuidado, descubrirás que, a la larga, tú eres quien construye el nicho en el que estás: por ejemplo, cuando terminas una relación que anda bien sin tener claros los motivos o cuando torpedeas tus propios logros en diversas áreas porque quieres autocastigarte. ¿Por qué tanto miedo al abandono? Porque no te quieres lo suficiente. ¿Por qué tanto miedo a la intimidad? Porque anticipas el abandono. Es evidente que tus estrategias para retener el amor no son las más adecuadas. Manipular, chantajear y amenazar producen exactamente el efecto contrario. Ya lo debes haber vivido en carne propia.

Definir un "yo" sólido, concretar metas claras, aprender a regular tus emociones extremas, resolver el conflicto frente al desamor, son algunos objetivos que debes solucionar para poder alcanzar una vida afectiva relativamente "normal". Evidentemente, necesitarás ayuda profesional, psicológica y psiquiátrica. La ciencia descubre cada día más posibilidades de tratamiento en tu caso, así que es bueno mantener cierto optimismo moderado.

¿Por qué eres así? Los motivos pueden ser múltiples. El estilo limítrofe no tiene una sola causa explicativa, sino un paquete complejo de variables. Si examinas tu pasado, es muy probable que encuentres problemas afectivos en tu infancia o unos padres altamente conflictivos, lejanos o que no hayan tenido un compromiso afectivo con tu persona. También es importante que tengas en cuenta que entre un 70% y un 80% de las personas limítrofes han sufrido de abuso sexual o físico. Si miras hacia atrás, entonces, quizás encuentres algunas alteraciones, pero ten en cuenta que el pasado no te condena de manera radical, quizás restrinja o complique tu crecimiento psicológico, pero puede reestructurarse en muchos aspectos. Del mismo modo, es muy probable que existan

variables heredadas, predisposiciones genéticas o dese-
quilibrios bioquímicos que influyan en tu manera de ser.

¿Qué hacer con tu pareja? No hacerla sufrir. Que
ese sea tu compromiso. Abrirte al amor de tu pareja te
producirá alivio; confiar en ella hará que tu conflicto
atracción-repulsión disminuya. No tienes por qué invo-
lucrar a la persona que más quieres en tu problema. Que
te ayude, si le nace, pero no la hundas contigo en el
intento. No hagas de tu relación una excusa para lesio-
narte y lesionar. El amor no está hecho para eso.

EL AMOR SALUDABLE:
VALORES Y ANTIVALORES

El amor saludable es un amor apuntalado en la dignidad humana, en la convicción de que una buena relación favorece el desarrollo del potencial humano y lo reafirma. El amor saludable nace de un sentimiento apreciado y vital que no se corrompe fácilmente. Es fuente de alegría y de ternura, es deseo, admiración y compañía. No es un amor perfecto, pero sí valorado y cotizado por lo alto, sin pretensiones celestiales ni astrales. Amor tan terrenal como justo. Amor bien calculado, sin devaluaciones, tasado en su punto, cercano, precioso, respetado, pero no indestructible.

Desafortunadamente, este amor vivaz y alegre se desmorona bajo el peso de la irracionalidad de ciertas maneras de amar. Ningún amor humano es todopoderoso. Los estilos afectivos que vimos llevan implícitos un conjunto de antivalores que se oponen al desarrollo normal del afecto, en cualquiera de sus dimensiones. Una meta preventiva o reconstructiva apuntaría a reemplazar estos valores negativos por aquellos valores positivos afines a una buena convivencia amorosa, donde el deseo, la amistad y la sensibilidad (eros, *philia* y ágape) estén presentes.

El amor saludable no es un amor completo y definido de una vez por todas; más bien, se trata de una orientación que nos permite reinventarnos junto a la persona amada. Es una exquisita mezcla de razón y emoción, al servicio de una vida de pareja apacible.

Repasemos el núcleo negativo de los estilos afectivos disfuncionales analizados en el texto y veamos las cualidades o valores ausentes en cada caso:

1. El carácter hostigante y exhibicionista del sujeto histriónico se opone al valor de la **sencillez**. Un amor espontáneo y fluido que se muestra como es, sin adornos innecesarios ni exhuberancias, se acepta y se disfruta mejor. La sencillez no busca llamar la atención, simplemente *es*, ocurre y llega naturalmente al corazón del otro. Esto no implica que debamos eliminar la imaginación y los aditamentos que suelen acompañar los juegos eróticos o el arreglo en general; a lo que me refiero es a no crear adicción por los "accesorios" y que el otro siga siendo un postre, aunque no tengamos los aditamentos a mano. El coqueteo es un condimento, un medio, pero no un fin en sí mismo. Cada quien encontrará la forma de representar sus papeles seductores de tal manera que la fantasía sea una excusa para descubrir y encantarse con el otro. El asunto no está en lo que haces, sino en cómo lo haces. Aunque el arte de seducir forma parte de la condición natural e imprescindible del amor, es mejor si se muestra como un regalo que nos llega de sorpresa. La pasión empieza a decaer cuando la persona amada se hace predecible.

2. La desconfianza del sujeto paranoico rompe quizás la única certeza que podemos esperar del amor: la **confianza básica**. Saber que la persona que amas nunca te hará daño intencionalmente. Esa es la seguridad que surge de amar al amigo y no al enemigo. El estilo paranoico nos enseña que un amor plagado de suspicacia se convierte en una tortura. No hay salida para un amor sospechoso. Miguel de Unamuno decía: "Tu desconfianza me inquieta y tu silencio me ofende". Si tu pareja no cree en ti, estarás fluctuando entre la persecución y el dedo acusador: arresto y juicio.

La prevención se regodea en el engaño anticipado porque carece de un valor adicional: la **buena fe**, que consiste en poder creer en alguien simplemente porque es creíble, en sentirlo honesto, leal, próximo como los prójimos, compinche, socio o amante solidario. ¿Qué se opone a la paranoia? Amar al amigo, contar secretos como se cuentan ovejas, tumbar las murallas del recelo y achicar los espacios hasta donde el cariño nos lo permita.

3. Las estrategias subversivas del sujeto pasivo-agresivo muestran un conflicto con la autoridad y la incapacidad de establecer una forma adecuada de defender la autonomía, esto es, sin recurrir al sabotaje y al terrorismo psicológico. La falta de franqueza emocional se contrapone al valor de la **asertividad**, que consiste en la capacidad de expresar sentimientos negativos de una manera socialmente aceptable. Decir "no" amablemente, hacer un pedido con cariño, definir un límite con respeto no son agresiones, no hay de-

rechos violados, imposiciones ni abuso del poder, solo sinceridad. Sin el valor de la **honestidad emocional**, de la franqueza que surge del amor maduro, no hay relación que aguante. Un vínculo bien constituido no prohíbe la discrepancia, no censura las diferencias, no le teme a los disensos, más bien los incorpora inteligentemente a la vida cotidiana y los toma con beneficio de inventario. ¿Cómo aproximarnos a la persona amada si no decimos lo que pensamos y sentimos con libertad?

4. El egoísmo y el egocentrismo del sujeto narcisista lo alejan radicalmente de los valores de la **humildad** y la **solidaridad.** No es posible un amor saludable si uno de los dos sufre de grandiosidad y se siente por encima de su pareja. La justicia y la compasión, entre otras virtudes, se hacen añicos cuando el ego se nos va de las manos. La humildad tiene dos caminos que conducen a ella: ser consciente de la propia insuficiencia o el reconocimiento realista y moderado de las propias fortalezas. La humildad permite un acercamiento de igual a igual, sin menosprecio ni actitudes ventajosas. Las tres variantes del ego: egoísmo, egocentrismo y egolatría configuran un gran antivalor que se opone a la faceta pluralista y horizontal del amor. ¿Cómo reconocerte si estoy atrapado en mí mismo?

Dos valores positivos adicionales para batallar contra el narcisismo: el **descentramiento** y la **autocrítica.** Ponerme en tus zapatos y aprender a dudar de mí mismo y, entonces, el amor toma forma y se moldea como debe ser, a cuatro manos.

5. El perfeccionismo y el control del estilo obsesivo configuran una mente rígida, apegada a los "deberías" y a la sistematización. El amor queda asfixiado entre tantas normas y condiciones y no solo pierde libertad, sino que impide desarrollar el valor de la **flexibilidad**. Un amor rígido se estanca. No puedes crecer en pareja si hay resistencia al cambio: amar es crear.
   El estilo obsesivo-compulsivo también se opone a un segundo valor: la **admiración**. Puede haber admiración sin amor, pero no amor sin admiración. El gusto por la esencia del otro, por sus logros, por lo que representa como persona es imposible si la atención está focalizada en sus errores.

6. La violencia que practica el sujeto antisocial es un antivalor que afecta todas las áreas interpersonales. La combatividad, la explotación y depredación que lo caracterizan impiden que se desarrollen valores imprescindibles para el amor, como son la simpatía y la reciprocidad, entre otros. Si hay violencia, el valor del **respeto** desaparece. Existe una incompatibilidad fundamental entre ellos. Fromm decía: "Amor y violencia son contradicciones irreconciliables". Y no cabe duda. Hay un segundo valor que se opone al antiamor que promueve esta forma de amar y es el de la **paz**, que no es ausencia de conflictos, como dice Comte-Sponville, sino de guerra. Yo agregaría que tampoco es la ausencia de cólera, porque algunas son necesarias y justas. Sin embargo, para vivir en paz con alguien no es suficiente "desarmar" los espíritus y sosegar la mente, hay que activar la **dulzura**: negarse a hacer sufrir al otro. La dulzura es lo opuesto a la brutalidad y la crueldad.

7. La indiferencia del sujeto esquizoide se opone a la esencia misma del amor. El otro ni se ve ni se siente; por eso, el "amor" aparece desvinculado, frío y distante. Esta apatía emocional se opone al valor de la **ternura** y la **empatía** en cualquiera de sus manifestaciones. El esquizoide/ermitaño es incapaz de conectarse afectivamente. Una relación sin ternura, sin mimos ni contemplación, sin caricias ni sonrisas, sin abrazos ni halagos, sin los "te quiero" y sin besos, es letra muerta. La expresión de sentimientos positivos es quizás el principal alimento de una relación de pareja y, por ello, una relación afectiva sin empatía es inconcebible. Al no haber una participación emotiva en la vida del otro, el amor se atrofia porque ya pierde su sentido vital. Si no existe congratulación ("Tu alegría me alegra") ni compasión ("Tu dolor me duele"), no hay conexión. No te leo, no te siento, no te comprendo, solo alcanzo a vislumbrarte en la periferia de mi ser. ¿Esto es amor?

8. Como vimos, la inestabilidad y la patología que se asocian al estilo limítrofe hacen del amor una experiencia caótica. El torbellino emocional que representa esta manera de amar genera muchos antivalores, como el descontrol, la falta de paz interior y la ira desbordada. Parafraseando a Csikszentmihalyi, el amor no se vive como una *experiencia óptima*, no fluye ni se constituye en un profundo sentido de alegría. Es un amor entrópico que se perturba a sí mismo. La persona limítrofe/inestable no se siente dueña de lo que siente, no hay un orden interior que le permita actuar de forma congruente y tranquila. Esta estructura psi-

coafectiva errática y confusa carece principalmente de los valores de la **autodirección** y **autoconocimiento**. Es decir: la capacidad de hacerse cargo de uno mismo, definir la propia identidad y orientar la vida de manera constructiva. Como ya se dijo, un amor caótico es una supernova emocional donde ocurren infinidad de explosiones afectivas sin sentido ni dirección. El amor saludable se regula a sí mismo, se organiza alrededor del otro y del propio "yo".

No caer en las trampas de los estilos afectivos tóxicos, en el juego destructivo de su patología, requiere no solo de un conocimiento sobre el tema, sino también de cierta madurez afectiva. Ir despacio, tomarse el tiempo necesario para observar y pensar antes de tirarse al ruedo, quererse a uno mismo lo suficiente para no dejarse cosificar en el nombre de un amor que deja dudas.

Si llegaste hasta aquí con la lectura del texto, te habrás dado cuenta de que para moverte adecuadamente en la maraña del amor es tan importante saber lo que quieres como *lo que no quieres*. Quizás sea por eso que los que han fracasado en sus relaciones anteriores disponen de una información invaluable: han tomado conciencia de lo que no soportan, lo que les disgusta y lo que no están dispuestos a negociar. Es la sabiduría del "no" que nos ayuda a evitar la mortificación y el sufrimiento inútil que surgen de una relación imposible y altamente peligrosa.

BIBLIOGRAFÍA

AARONSON, C. J.; BENDER, D. S.; SKODOL, A. E. y GUNDER-SON, J. G. (2006). "Comparison of Attachment Styles in Borderline Personality Disorder and Obsessive-Compulsive Personality Disorder". *The Psychiatric Quarterly*, 77, 69-80.

ARENDT, H. (2001). *Los orígenes del totalitarismo*. Madrid: Taurus.

BECK, A. T.; FREEMAN, A.; DAVIS, D. D. y asociados (2004). *Cognitive Therapy of Personality Disorders*. Nueva York: The Guilford Press.

BECK, J. S. (2007). *Terapia cognitiva para superación de retos*. Barcelona: Gedisa.

BERNSTEIN, R. (2005). *El mal radical*. Buenos Aires: Lilmod.

BILBENY, N. (1995). *El idiota moral*. Barcelona: Anagrama.

BORNSTEIN, R. (1998). "Implicit and Self-Attributed Dependency Needs in Dependent and Histrionic Personality Disorders". *Journal of Personality Assessment*, 71, 1-14.

BOYD, T. y GUMLEY, A. (2007). "An Experimental Perspective on Persecutory Paranoia: A Grounded Theory Construction". *Psychology and Psychotherapy*, 80, 1-22.

BROMMER, I. y BRUNE, M. (2006). "Social Cognition in 'Pure' Delusional Disorder". *Cognitive Neuropsychiatry*, 11, 493-503.

CABALLO, V. E. (2004). *Manual de trastornos de la personalidad*. Madrid: Síntesis.

COMBS, D. R.; MICHAEL, C. O. y PENN, D. L. (2006). "Paranoia and Emotion Perception across the Continuum". *British Journal of Clinical Psychology*, 45, 19-31.

CRAMER, V.; TORGERSEN, S. y KRINGLER, E. (2007). "Sociodemographic Conditions Subjective Somatic Health, Axis I Disorders and Personality Disorders in the Common Population: The Relationship to Quality of Life". *Journal of Personality Disorders*, 21, 552-568.

ECHEBURÚA, E. (1998). *Personalidades violentas*. Madrid: Pirámide.

ELLISON, M. C. y SCOTT, O. (2002). "Histrionic Personality Disorder and Antisocial Personality Disorder: Sex-Differentiated Manifestations of Psychopathic?". *Journal of Personality Disorders*, 16, 52-73.

FERRER, A. y LONDOÑO, N. E. (2008). *Prevalencia de los trastornos de personalidad en estudiantes universitarios de la ciudad de Medellín*. Medellín: Facultad de Psicología, Universidad de Antioquia.

FRIESEN, M. D.; FLETCHER, G. J. O. y OVERALL, N. C. (2005). "A Dyadic Assessment of Forgiveness in Intimate Relationships". *Personal Relationships*, 12, 61-77.

GIRARDI, P.; MONCANO, E.; PRESTIGIACOMO, C. y TALAMO, A. (2007) "Personality and Psychopathological Profiles in Individuals Exposed to Mobbing". *Violence and Victims*, 22, 172-189.

GLOVER, D. S.; BROWN, G. P.; FAIRBUM, C. G. y SHAFRAN, R. (2007). "Preliminary Evaluation of Cognitive-Behaviour Therapy for Clinical Perfectionism: A Case Series". *The British Journal of Clinical Psychology*, 46, 85-94.

GORDON, R. M. (2006). *I Love You Madly*. Nueva York: BookSurge.

GRATZ, K. L.; ROSENTHAL, M. Z.; Tull, M. T.; Lejuez, C. V. y Gunderson, J. G. (2006). "An Experimental Investigation of Emotion Dysregulation Borderline Personality Disorder". *Journal of Abnormal Psychology*, 115, 850-855.

HARE, R. D. (2003). *Sin conciencia*. Barcelona: Paidós.

HASELTON, M. G. y METTLE, D. (2006). "The Paranoid Optimist: An Integrative Evolutionary Model of Cognitive Biases". *Personality and Social Psychology*, 10, 47-46.

HOPWOOD, C. J. y MOREY, L. C. (2007). "Psychological Conflict in Borderline Personality as Represented by Inconsistent Self-Report Item Responding". *Journal of Social and Clinical Psychology*, 26, 1065-1076.

JAMES, L. M. y TAYLOR, J. (2007). "Impulsivity and Negative Emotionality Associated With Substance Use Problems and Cluster N Personality in College Students". *Addictive Behaviours*, 32, 714-725.

KANTOR, M. (2006). *The Psychopathy of Everyday Life*. Nueva York: Praeger.

KIM, H. K. y CAPALDI, D. M. (2004). "The Association of Antisocial Behaviour and Depressive Symptoms between Partner and Risk for Aggression in Romantic Relationships". *Journal of Family Psychology*, 18, 82-96.

KLOSKO, J. y YOUNG, J. (2004). "Cognitive Therapy of Borderline Personality Disorder". En: L. L. Robert (ed.), *Contemporary Cognitive Therapy*. Nueva York: The Guilford Press.

LONDOÑO, N. E.; MAESTRE, K.; MARÍN, C. A.; SCHNITTER. M.; CASTRILLÓN, D.; FERRER, A. y CHAVES, L. (2007). "Validación del cuestionario de creencias centrales de los trastornos de la personalidad (CCE-TP), en población colombiana". *Avances en Psicología Latinoamericana,* vol. 25, no. 2, Bogotá: Universidad del Rosario.

LOPEZ-IBOR, J. y VALDÉS, M. (2002). *Manual diagnóstico estadístico de los trastornos mentales (DSM-IV-TR).* Barcelona: Masson.

LOZA, W. y HANNA, S. (2006). "In Schizoid Personality a Forerunner of Homicidal or Suicidal Behaviour: A Case Study". *International Journal of Offender Therapy and Comparative Criminology,* 50, 338-343.

LUNA, I. M. (2003). "Trastornos de personalidad y género". *Avances: Asociación Colombiana de Psiquiatría Biológica,* 4, 21-27.

_____. I. M. (2007). "El trastorno limítrofe de la personalidad y su comorbilidad con el trastorno bipolar". *Trastornos de Ánimo,* 3, 85-99.

MALACH PINES, A. (2005). *Falling in Love.* Nueva York: Routledge.

MARTIN, C. D. (2006). "Ernest Hemingway: A Psychological Autopsy of a Suicide". *Psychiatry,* 69, 351- 361.

MARTIN, M. M.; Cayanus, J. L.; McCutcheon, L. E. y Maltby, J. (2003). "Celebrity Worship and Cognitive Flexibility". *North American Journal of Psychology,* 5, 75-80.

McCOY, D. (2006). *The Manipulative Man.* Nueva York: Adams Media Avon.

MIKULINCER, M. y GOODMAN, G. S. (2006). *Dynamics of Romantic Love.* Nueva York: The Guilford Press.

MILLON, T. (1999). *Trastornos de la personalidad.* Barcelona: Masson.

MORRISON, H. y GOLDEBERG, H. (2004). *Mi vida con los asesinos en serie.* Barcelona: Océano.

OLDHAM, J. M.; SKODOL, A. E. y BENDER, D. S. (2005). *Textbook of Personality Disorders.* Nueva York: The American Psychiatric Publishing.

OLDHAM. J. M. y MORRIS, L. B. (1995). *Autorretrato de personalidad*. Gerona: Tikal.

PÉREZ-TESTOR, C.; CASTILLO, J. A.; DAVINS, M.; Salamero, M. y San-Martino, M. (2007). "Personality Profiles in a Group of Battered Women: Clinical and Care Implications". *Journal of Family Violence*, 22, 73-81.

RAINE, A. y SANMARTIN, J. (2000). *Violencia y psicopatía*. Barcelona: Ariel.

RASMUSSEN, P. R. (2005). *Personality-Guided Cognitive-Behavioral Therapy*. Washington: APA Books.

RICARD, M. (2005). *En defensa de la felicidad*. Barcelona: Urano.

RISO, L. P.; DU TOIT, P. L.; STEIN, D. J. y YOUNG, J. E. (2007). *Cognitive Schemas and Core Belief in Psychological Problems*. Washington: American Psychological Association.

_____. W. (2005). *Ama y no sufras*. Bogotá: Grupo Editorial Norma.

_____. W. (2006). *Los límites del amor*. Bogotá: Grupo Editorial Norma.

_____. W. (2006). *Terapia cognitiva*. Bogotá: Grupo Editorial Norma.

_____. W. (2007). *El poder del pensamiento flexible*. Bogotá: Grupo Editorial Norma.

ROTEMSTEIN, O. H.; McDERMUT, W.; BERGMAN, A. B.; YOUNG, D.; ZIMMERMAN, M. y CHELMINSKI, I. (2007). "The Validity of DSM-IV Passive-Aggressive Personality Disorder. *Journal of Personality Disorders*, 21, 28-42.

SAFRANSKI, R. (2002). *El mal*. Barcelona: Tusquets.

SAGAN, C. y DRUYAN, A. (1994). *Sombras de antepasados olvidados*. Bogotá: Planeta.

SANMARTIN, J. (2002). *Las mentes violentas*. Barcelona: Ariel.

Santisteban, D. A.; Muir, M. P. y Mena, V. B. (2003). "Integrative Borderline Adolescent Family Therapy Meeting the Challenges of Treating Adolescents with Borderline Personality Disorder". *Psychotherapy: Theory, Research, Practice, Training*, 40, 251-264.

Sbyder, C. R. y López, S. J. (2007). *Positive Psychology*. Nueva York: SAGE Publications.

Scout, R. R.; Stephen, D. B. y Zachary, A. (2007). "Symptoms of Executive Dysfunction Are Endemic to Secondary Psychopathy: An Examination in Criminal Offenders and No Institutionalized Young Adults". *Journal of Personality Disorders*, 21, 384-400.

Semerari, A. (2002). *Psicoterapia cognitiva del paciente grave*. Bilbao: DDB.

Shafer, D. R. (2000). *Desarrollo social y de la personalidad*. Nueva York: Thomson.

Shiha, B. K. y Watson, D. (2006). "Hostility and Personality Disorder". *Imagination, Cognition and Personality*, 25, 45-57.

Sivak, R. y Wiater, A. (1998). *Alexitimia, la dificultad para verbalizar afectos*. Barcelona: Paidós.

Skeem, J.; Johansson, P.; Andershed, H.; Kerr, M. y Louden, J. E. (2007). "Two Subtypes of Psychopathic Violent Offenders: the Primary and Secondary Variants". *Journal of Abnormal Psychology*, 116, 395-409.

Smith, A. (2006). "Cognitive Empathy and Emotional Empathy in Human Behaviour and Evolution". *The Psychological Record*, 56, 3-21.

Sperry, L. (1999). *Cognitive Behaviour Therapy of DSM-IV Personality Disorders*. Nueva York: Brunner-Mazel.

Spitzberg, B. H. y Veksler, A. E. (2007). "The Personality of Pursuit: Personality Attributions of Unwanted Pursuers and Stalkers". *Violence and Victims*, 22, 275-290.

STRAUSS, J. L.; Hayes, A. M.; JOHNSON, S. L.; NEWMAN, C. F.; BROWN, G. K.; Barbe, J. P.; LAURENCEAU, J. O. y BECK, A. T. (2006). "Early Alliance, Alliance Ruptures and Symptom Change in a Nonrandomized Trial of Cognitive Therapy for Avoidant and Obsessive-Compulsive Personality Disorders". *Journal of Consulting and Clinical Psychology*, 74, 337-345.

SWOOGER, M. T.; WALSH, Z. y KOSSON, D. S. (2007). "Domestic Violence and Psychopathic Traits: Distinguishing the Antisocial Battered from Other Antisocial Offenders". *Aggressive Behaviour*, 33, 253-260.

VAKNIN, S. (2007). *Malignant Self Love*. Nueva York: Narcissus Publications.

VALLEJO Ruiloba, J. (2005). *Tratado de psiquiatría*. Barcelona: Ars Médica.

VEREYCKEN, J.; VERTOMMEN, HANS. y CORVELEYN, J. (2002). "Authority Conflicts and Personality Disorders". *Journal of Personality Disorder*, 16, 41-52.

WIGGINS, J. S. (2003). *Paradigms of Personality Assessment*. Nueva York: The Guilford Press.

WRIGHT, J. H.; BASCO, M. B. y THEASE, M. E. (2006). *Learning Cognitive-Behaviour Therapy*. Nueva York: American Psychiatric Publishing.

YOUNG, J. E. (2005). "Schema-Focused Therapy and Case Ms. S". *Journal of Psychotherapy Integration*, 15, 115-126.

YUDOFSKY, S. C. (2007). *Defectos fatídicos*. Barcelona: Ars Médica.